Wege in den Nonprofit-Arbeitsmarkt

Bibliografische Information Der Deutschen Nationalbibliothek

Die Deutsche Nationalbibliothek verzeichnet diese Publikation
in der Deutschen Nationalbibliografie; detaillierte bibliografische Daten
sind im Internet über http://dnb.d-nb.de abrufbar.

Umschlag und Layout: Buero 16
Satz und Druck: Facultas AG
Printed in Austria

ISBN 978-3-7089-0041-4

Gedruckt mit Unterstützung durch das Bundesministerium für Bildung,
Wissenschaft und Kultur in Wien sowie die ERSTE BANK Stiftung.

Gabriele Schuster-Klackl, Clara Höpler

Wege in den Nonprofit-Arbeitsmarkt

Rahmenbedingungen, Veränderungen, Perspektiven

facultas.wuv UNIPORT

ZIELFLIEGEN
STATT VIELFLIEGEN
DAS KARRIERESERVICE DER
UNIVERSITÄT WIEN
WIR VERMITTELN
PERSÖNLICHKEITEN!
www.uniport.at
Ein Unternehmen der
Universität Wien
UNIPORT
universität
wien

INHALTSVERZEICHNIS

VORWORT

TRAUMJOB NPO – WUNSCH UND WIRKLICHKEIT

UNIPORT – Das Karriereservice der Universität Wien ist unmittelbar mit den Berufswünschen von Studierenden, Absolventen [1] und Young Professionals konfrontiert. In den Beratungsgesprächen ist die Frage nach den Jobchancen im Nonprofit-Arbeitsbereich gestiegen. Diese Tendenz hat UNIPORT zum Anlass genommen, dem „Traumjob NPO" weiter auf den Grund zu gehen.

Eine Online-Umfrage zum „Berufswunsch NPO" [2] wurde als Vorerhebung zu der Studie „Wege in den Nonprofit-Arbeitsmarkt" durchgeführt, um Motive herauszufiltern und Informationsbedarf zu orten.

Die Ergebnisse der Online-Umfrage [3] bestätigen die Erfahrungen aus dem Beratungsalltag:

90 % der Studierenden und Absolventen, die an der Umfrage teilgenommen haben, möchten im NPO-Bereich berufliche Erfahrungen sammeln – einerseits um den persönlichen Horizont zu erweitern und andererseits um eine Zusatzqualifikation aufweisen zu können.

Das Hauptmotiv ist eindeutig: Für die Mehrheit steht die sinnstiftende Tätigkeit im Mittelpunkt. 64 % möchten sogar langfristig im NPO-Bereich arbeiten. Rund 80 % der Umfrage-Teilnehmer sind bereits in einer Nonprofit-Organisation engagiert: Die meisten arbeiten ehrenamtlich. Auffallend viele wünschen sich mehr Praktikums- und Stellenangebote in Nonprofit-Organisationen. An die Universität richtet sich mehrheitlich der Wunsch nach einer NPO-spezifischen Ausbildungsmöglichkeit.

Interessant ist, dass sich vorwiegend Frauen an der Studie beteiligt haben, nur 1/3 der Teilnehmer waren Männer. Von den Studienrichtungen überwiegen mit über 50 % die Geistes- und Sozialwissenschaften, gefolgt von den Wirtschafts- und Rechtswissenschaften

1
Im Text wurde zur besseren Lesbarkeit die männliche Form verwendet. Wir bitten hierfür um Verständnis.

2
UNIPORT (2006).

3
Online auf www.uniport.at im Juni/Juli und September/Oktober 2006.

und einer Minderheit aus naturwissenschaftlichen Fächern.

Die Umfrageergebnisse bringen zum Ausdruck, dass der Nonprofit-Bereich für Akademiker immer mehr an Bedeutung gewinnt und mehr Information gefordert wird.

Als Schnittstelle zwischen der Universität und dem Arbeitsmarkt möchte UNIPORT daher mit der vorliegenden Studie zu mehr Transparenz im Nonprofit-Arbeitsmarkt beitragen. Immer wieder wird nach den Einstiegschancen in eine Nonprofit-Organisation gefragt. Gibt es „typische Einstiegswege"? Ist ein direkter Einstieg nach der Universität überhaupt möglich? Ist ehrenamtliche Tätigkeit oder ein Praktikum Voraussetzung?

Diese Fragestellungen bilden einen Teil der 20 leitfadengestützten Interviews, die UNIPORT mit Entscheidungsträgern aus dem Nonprofit-Bereich geführt hat. „Wege in den Nonprofit-Arbeitsmarkt" widmet sich den Einstiegsmöglichkeiten, Recruitingstrategien, Auswahlverfahren, Anforderungsprofilen und den verschiedenen Formen der Mitarbeit.

Nach einer Einführung in die Begrifflichkeiten, im Kapitel „Was ist eine NPO?", werden die Nonprofit-Organisationen in ihrer Rolle als Arbeitgeber ausführlich untersucht. Dabei wird auch die klischeehafte Vorstellung hinterfragt, dass NPOs das geeignete Arbeitsfeld für sinnsuchende Altruisten bieten. Aus den Interviews geht ein anderes Bild hervor: Der Professionalisierungsprozess der letzten Jahre hat zu veränderten Organisationsansprüchen und entsprechendem Managementbedarf geführt. „Sie [die NPOs] sind längst aus ehrenamtlichen, kurzfristigen, spontanen Strukturen in professionelle Organisationen übergegangen, in denen je nach Organisationsgröße erhebliche Budgets in politische Arbeit und Projektarbeit investiert werden und auch die Verwaltungskosten im Prozess zunehmender Professionalisierung und organisationsinterner Ausdifferenzierung zu Buche schlagen" [4].

4 Frantz (2005), S. 16.

Rahmenbedingungen und Strukturbesonderheiten des Nonprofit-Sektors sind weitere Themenschwerpunkte. Dazu zählen u. a. die Rechtsform und die Finanzierung der Organisationen sowie die Heterogenität der Beschäftigungsverhältnisse. Welche Beschäftigungsformen sind möglich? Welche Verdienst- und Entwicklungsmöglichkeiten bieten die Organisationen ihren Mitarbeitern? Hier eröffnen sich einerseits Spielräume für Gestaltung und Partizipation, aber auch klare (finanzielle) Einschränkungen und Konfliktfelder.

Aufgrund der starken Werteorientierung der Organisationen wird ihnen eine hohe Vertrauensstellung in der Gesellschaft eingeräumt. NPOs bündeln und artikulieren gesellschaftliche Interessen und bilden einen Motor zivilgesellschaftlichen Engagements. Aus der Umfrage „Berufswunsch NPO" geht hervor, dass den NPOs wachsende soziale Verantwortung zugeschrieben wird. 80 % der Befragten befürworten eine stärkere Zusammenarbeit der Nonprofit-Organisationen mit der Wirtschaft. NPOs werden in ihrer Vorreiterrolle für soziale Verantwortung wahrgenommen. [5]

Daher wird auch das Thema „gesellschaftliche Verantwortung von Unternehmen" aufgegriffen und die Haltung der NPOs gegenüber Kooperationen mit der Wirtschaft angesprochen. Die Gespräche zeigen, dass die Zusammenarbeit von NPOs und Unternehmen Impulse für Veränderungen geben können. „Als Positivmodell für eine bürgernahe und dynamische Zukunftsgestaltung befinden sich die Nonprofit-Organisationen [jedenfalls] auf Wachstumskurs". [6]

„Wege in den Nonprofit-Arbeitsmarkt" liefert all jenen einen praktischen Nutzen, die sich im NPO-Bereich beruflich orientieren möchten. Aus den Interviews lassen sich wertvolle Informationen über die Rekrutierungswege und über das Berufsfeld ableiten.

An dieser Stelle bedankt sich das UNIPORT-Team sehr herzlich bei allen Interviewpartnern und -partnerinnen für

5 UNIPORT (2006).

6 Zimmer/Priller (2006), S. 24.

ihren wichtigen Beitrag. Wir haben aus den Gesprächen viel Begeisterung und große Wertschätzung für ihre Arbeit mitgenommen.

Angeregt von den Interviews und den Ergebnissen der Online-Umfrage möchte UNIPORT in Zukunft dem Austausch zwischen NPOs, Wirtschaft und Wissenschaft an der Universität Wien eine Plattform geben und einen offenen Dialog fördern.

Wien, im November 2006

Gabriele Schuster-Klackl
Clara Höpler

EINFÜHRUNG

WAS IST EINE NPO? – DEFINITION UND ABGRENZUNG

Nonprofit-Organisationen spielen im wirtschaftlichen, sozialen und kulturellen Leben einer Gesellschaft eine bedeutende Rolle. Sie sind in den verschiedensten Bereichen – Kunst und Kultur, Sport und Freizeit, Religion, Sozial- und Gesundheitswesen, Interessensvertretung – aktiv und übernehmen vielfältige Funktionen in der Gesellschaft. Das weite Spektrum an Tätigkeiten reicht von sozialen Leistungen im Auftrag oder mit (finanzieller) Unterstützung des Staates über Freizeitangebote für die eigenen Mitglieder bis hin zur Vertretung von Minderheitenrechten. Sie sind „Sensoren für gesellschaftlich erzeugte Probleme“ [7] und bilden einen kollektiven Gegenpol zum Staat. Als Themenanwälte sind sie Sprachrohr und Initiatoren eines gesellschaftlichen wie politischen Diskurses und eröffnen damit Möglichkeiten zur gesellschaftlichen Partizipation und Mitgestaltung.

7
Albers (2000), S. 87.

KONZEPTE DRITTER SEKTOR, ZIVILGESELLSCHAFT, NPO UND NGO

Die Begriffe Nonprofit-Organisation (NPO), Nongovernmental Organisation (NGO), Dritter Sektor und Zivilgesellschaft werden vielfach als Synonyme gebraucht, wenngleich sie unterschiedliche Konzepte beschreiben. Zimmer und Priller (2000) erläutern die Unterschiede zwischen Dritten Sektor, Zivilgesellschaft und NPO. Sie bezeichnen den **Dritten Sektor** als einen von Staat, Markt und Gemeinschaft bzw. Familie begrenzten Bereich, der sich auf die „meist mitgliedschaftlichen Organisationen (Vereine)“ bezieht. Im Dritten Sektor werden zivilgesellschaftliche Aufgaben erbracht, die im marktorientierten Sektor nicht angeboten und vom Staat nicht als (staatliche) Aufgaben wahrgenommen werden [8]. Zum Dritten Sektor werden folglich Einrichtungen wie Nonprofit-Organisationen gezählt, die weder dem Ersten (Markt) noch dem Zweiten Sektor (Staat) zugerechnet werden können. Das „dritte System", wie der Sektor auch genannt wird, vermag unternehmerische Effizienz mit staatlicher Gemeinwohlorientierung zu verbinden und „zugleich in privaten Organisationen im öffentlichen Interesse tätig zu sein [...]."

8
Anastasiadis et al. (2003), S. 9.

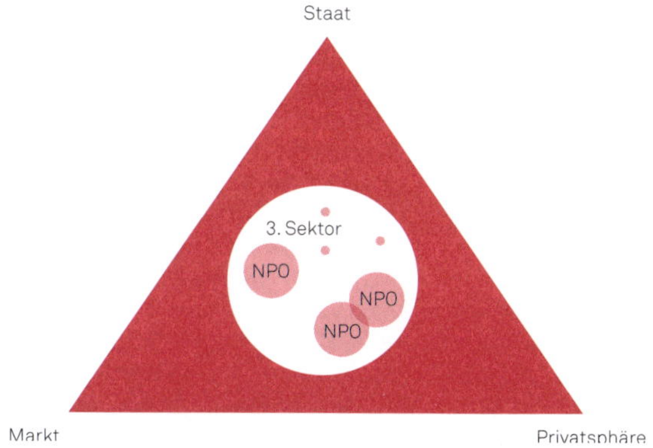

Abbildung 1: Dritter Sektor zwischen Markt, Staat und Privatsphäre.

Unter **Zivilgesellschaft** verstehen die Autoren das Gegengewicht zur Regierung und Verwaltung und einen Ort des Diskurses zur Lösung gesellschaftlicher Probleme. Der Zusammenhang zwischen den Konzepten Dritter Sektor und Zivilgesellschaft kann anhand verschiedener Aktionsebenen verdeutlicht werden: Während bürgerschaftliches Engagement die Mikroebene der individuellen Aktivitäten beschreibt, bezieht sich der Dritte Sektor auf die Mesoebene der Organisationen. Zivilgesellschaft meint schließlich die gesamtgesellschaftliche Dimension auf Makroebene 9. „Zivilgesellschaft und ihre entsprechenden Prinzipien und Initiativen zu mehr Demokratie, Autonomie, Engagement, sozialer Mitarbeit und politischer Beteiligung“ sind nicht auf den Dritten Sektor beschränkt, sondern können auch in den beiden anderen Sektoren an Einfluss gewinnen 10.

Nonprofit-Organisationen (NPO) und Nichtregierungsorganisationen sind Teil des Dritten Sektors und schaffen Rahmenbedingungen für bürgergesellschaftliches Engagement. In einer Vielzahl von Vereinigungen und Initiativen geben sie Raum für die Pluralität der Gesellschaft und stellen mit ihrem Einsatz für eine Vielzahl an Themen (Menschenrechte und Naturschutz etc.) eine Gegenöffentlichkeit zur globalisierten Wirtschaft und Politik 11 dar.

Während der Begriff NPO die Abgrenzung von Wirtschaftsunternehmen hervorhebt, da nicht Gewinn das Organisationsziel ist, rückt das Konzept der „nongovernmental organisation“ (NGO) bzw. **Nichtregierungsorganisation** (NRO) ihre politische Dimension als Gegengewicht zu Regierung und Verwaltung ins Blickfeld. NGOs nehmen Aufgaben bewusst in Opposition oder Ergänzung staatlicher Verantwortung wahr und beanspruchen eine gesellschaftliche Kontrollfunktion 12.

Eine Organisation kann, muss aber nicht NPO und NGO sein: Viele NPOs (wie etwa in den Bereichen Freizeit und Kultur) sehen sich nicht als Themenanwälte und zählen daher nicht zu den NGOs. Als nicht auf Gewinn ausgerichtete Organisationen sind sie jedoch gleichzeitig NPOs – der Unterschied der Begriffe liegt hier in der Betonung ihrer wirtschaftlichen oder politischen Abgrenzung von Markt oder Staat.

Eine Vielzahl von Definitionen von Nonprofit-Organisationen liegt zahlreichen theoretischen und empirischen Studien zugrunde. Die nachfolgende Definition von Salomon und Anheier hat sich in der NPO-Forschung weit-

9
Zimmer/Priller (2000), S. 3.

10
Evers (2004), S. 14.

11
Zimmer/Priller (2000), S. 8.

12
http://www.ngo.at/civilsociety/glossar.htm (6.9.2006).

gehend durchgesetzt und wird auch als Basis für die vorliegende Untersuchung herangezogen.

KENNZEICHEN UND MERKMALE VON NONPROFIT-ORGANISATIONEN

Salomon und Anheier, die mit dem Johns-Hopkins Comparative Nonprofit Sector Project eine Datengrundlage für einen internationalen Vergleich der Nonprofit-Sektoren zahlreicher Länder zusammengestellt haben, führen folgende fünf Punkte als Kriterien für Nonprofit-Organisationen an:

- NPOs weisen ein Minimum an **formaler Organisation und Struktur** auf, sind also vom informellen Haushaltssektor und von spontanen, temporären Aktivitäten zu unterscheiden.
- NPOs sind **private**, also nicht-staatliche Organisationen, die aber sehr wohl auch vom Staat finanziell unterstützt werden. Badelt ergänzt, dass auch staatliche Organisationen NPOs sein können, wenn sie weder Teil des öffentlichen Verwaltungsapparates sind, noch Hoheitsgewalt [13] ausüben [14].
- Der Begriff „nonprofit“ meint eigentlich „not-for-profit“ und bringt die Abgrenzung zu gewinnorientierten Unternehmen zum Ausdruck. NPOs dürfen keine Gewinne an ihre Eigentümer oder Mitglieder ausschütten, dieses **Gewinnausschüttungsverbot** ist allerdings nicht mit einem Verbot, Gewinne zu erwirtschaften, gleichzusetzen: Gewinne müssen lediglich innerhalb der Organisation verbleiben und für deren Ziele eingesetzt werden.
- NPOs sind juristisch und organisatorisch selbstständige Organisationen und weisen ein Minimum an **Selbstverwaltung und Entscheidungsautonomie** auf.
- NPOs sind durch ein Minimum an **Freiwilligkeit** in Form von freiwilliger Mitgliedschaft, ehrenamtlicher Mitarbeit oder „freiwilligem Einkommen“ (Spenden) charakterisiert [15].

13
Der Staat übt Hoheitsgewalt aus, wenn er öffentlich-rechtliche Anordnungen beschließt, bei denen Staat und Bürger in einem Über- bzw. Unterordnungsverhältnis (Subordinationsverhältnis) zueinander stehen. Beispiele dafür sind Gesetze, Verwaltungsakte, gerichtliche Entscheidungen. Ein Hoheitsträger (Gemeinde, Polizei, Ministerialbeamter etc.) kann auch in einem Gleichberechtigungsverhältnis handeln, wenn er sich Rechtsformen bedient, die auch Privaten zur Verfügung stehen (z. B. Kauf- oder Dienstvertrag).

14
Badelt (2002), S. 10f.

15
Salomon et al. (2003), S. 7f.

NPOs werden häufig als gemeinnützige Organisationen bezeichnet – der Status der **Gemeinnützigkeit** ist allerdings jenen Organisationen vorbehalten, die ausschließlich dem Gemeinwohl dienen. Die Differenzierung ist insofern von Bedeutung, als Organisationen mit gemeinnützigen, mildtätigen oder kirchlichen Zwecken von steuerlichen Begünstigungen profitieren. Die Tätigkeit gemeinnütziger Organisationen muss laut Bundesabgabenordnung dem „Gemeinwohl auf geistigem, kulturellem, sittlichem oder materiellem Gebiet nütz[en]“ 16. Dazu zählen u. a. Aktivitäten zur Förderung der Kunst und Wissenschaft, der Gesundheitspflege, der Kinder-, Jugend- und Familienfürsorge, der Fürsorge für alte, kranke oder mit körperlichen Gebrechen behafteten Personen, des Natur-, und Tierschutzes etc. Gemeinnützige Organisationen genießen unabhängig von ihrer jeweiligen Rechtsform die Befreiung von Kapitalertrags-, Erbschafts-, Schenkungs-, Umsatz- und Körperschaftssteuern 17.

16
§ 35 (2) BAO.

17
Anastasiadis et al. (2003), S. 65.

DIE RECHTSFORM BESTIMMT DIE ARBEITSBEDINGUNGEN

Die Wahl der Rechtsform einer NPO beeinflusst wesentlich die Rahmenbedingung ihrer Arbeit. Damit hat sie auch weitreichenden Einfluss auf die Gestaltung von Arbeitsverhältnissen, Organisationsstrukturen und Entscheidungsbefugnissen. In der Folge wird daher ein Überblick über die unterschiedlichen Rechtsformen gegeben, die im Nonprofit-Sektor anzutreffen sind.

Eine Reihe unterschiedlicher **Rechtsformen** bietet sich für Nonprofit-Organisationen an: der Verein, die Gesellschaft mit beschränkter Haftung (GmbH), die Aktiengesellschaft (AG) und die Genossenschaft, die prinzipiell wirtschaftliche Ziele verfolgen, können für Nonprofit-Aktivitäten genutzt werden. Eine Untersuchung der Rechtsformenheterogenität im Dritten Sektor in Wien ergab, dass

90 % der Organisationen als Verein organisiert sind [18]. Bei einer Beschränkung auf Nonprofit-Organisationen würde sich vermutlich ein noch höherer Anteil ergeben. Aufgrund der besonderen Bedeutung, die dem Verein im NPO-Sektor zukommt, wird diese Rechtsform etwas ausführlicher beschrieben.

Der **Verein** ist „ein auf Dauer angelegter, freiwilliger Zusammenschluss von Personen unter einer ausdrücklichen Organisation und Mitgliedschaft zur Erreichung eines gemeinsamen Zweckes" [19]. Die Gründung eines Vereines bedarf keines Mindestvermögens und keiner gesetzlichen Genehmigung, er darf nur nicht untersagt werden. Durch die Eintragung ins Vereinsregister erlangt der Verein seine Rechtsfähigkeit und wird somit zum Träger von Rechten und Pflichten. Seine Haftung ist auf das Vereinsvermögen beschränkt, eine persönliche Haftung der Vereinsmitglieder ist ausgeschlossen.

Grundsätzlich ist der Verein an keinen ideellen Zweck gebunden – ausgeschlossen sind lediglich Tätigkeiten, die gegen das Straf- oder Verfassungsrecht verstoßen. Selbst ein ideeller Verein darf Erlöse aus gewinnorientierten Aktivitäten erzielen, solange diese nur Mittel zur Erreichung des eigentlichen, nicht kommerziellen Zwecks sind und Gewinne nicht an die Mitglieder ausbezahlt werden [20]. Für bestimmte Tätigkeitsbereiche können auch andere Rechtsformen, wie etwa eine GmbH, hinzugegründet werden, die vollkaufmännische Zwecke erfüllen. Dieses sogenannte „Nebenzweckprivileg" ist für die Finanzierung der NPOs von hoher praktischer Bedeutung.

Der Bestand des Vereins ist nicht von einzelnen Mitgliedern abhängig, sondern auf Mitgliederwechsel angelegt. Die Mitglieder wählen einen „Vorstand, in der Regel ein ehrenamtliches Gremium, das die Letztverantwortung aller Entscheidungsprozesse trägt und dessen Mitglieder (in bestimmten Fällen [21]) mit ihrem Privatvermögen haften" [22].

18 Anastasiadis et al. (2003), S. 68.

19 Essl/Nowotny (2002), S. 241.

20 Essl/Nowotny (2002), S. 241ff.

21 Das Vereinsgesetz 2002 zählt Tatbestände auf, die die Haftung der Vereinsorgane begründen. Dazu zählen etwa die zweckwidrige Verwendung des Vereinsvermögens, die Inangriffnahme von Vereinsvorhaben ohne ausreichende finanzielle Sicherung, die Missachtung der Verpflichtung betreffend des Finanz- und Rechnungswesens des Vereins und die verspätete Beantragung der Eröffnung des Konkursverfahrens über das Vereinsvermögen (VerG §§ 23–24).

22 Anastasiadis et al. (2003), S. 60.

Der Vorstand kann auch einen Geschäftsführer mit der Leitung des Vereins betrauen – eine Option, die mit zunehmender unternehmerischer Ausrichtung immer häufiger gewählt wird. Aufgrund der geringen Einschränkungen und Auflagen für seine Gründung, ist der Verein für Initiativen „von unten" die geeignete Organisationsform und somit ein wichtiges demokratiepolitisches Instrument. Der Verein produziert flache Hierarchien und erlaubt die Mitsprache seiner Mitglieder – zumindest indirekt über die Wahl des Vorstandes. Diese Konstruktion bewirkt allerdings beinahe eine Umkehrung des Arbeitsrechtes, da die Arbeitnehmer, die gleichzeitig meist Mitglieder des Vereins sind, den Vorstand – also ihren eigenen Arbeitgeber – wählen [23].

Zahlreiche bekannte Nonprofit-Organisationen sind als Verein organisiert. Auch die befragten Organisationen sind zu 95 % Vereine. Beispiele reichen von großen Organisationen, wie Rotes Kreuz und der Caritas bis zu kleinen Vereinen, wie Asyl in Not.

Die **Genossenschaft** ist „eine Gesellschaft mit dem Ziel, den Erwerb oder die Wirtschaft ihrer Mitglieder durch gemeinschaftlichen Geschäftsbetrieb zu fördern [24]". Damit verfolgt sie prinzipiell wirtschaftliche Ziele. Dennoch kann auch eine Genossenschaft Nonprofit-Aktivitäten verfolgen, solange keine Gewinne an die Mitglieder ausgezahlt werden. In Österreich besteht zudem die Möglichkeit, in den Statuten eine Ausschüttung der Gewinne an die Genossenschaftsmitglieder auszuschließen.

Ähnlich wie beim Verein ist die Anzahl der Mitglieder nicht beschränkt und folglich auch das Grundkapital variabel. Das Gesellschaftsvermögen kann als Haftungsfonds dienen und damit eine persönliche Haftung der Mitglieder ausschließen. Mit der Eintragung in das Genossenschaftsregister erhält die Genossenschaft ihre Rechtspersönlichkeit. Das oberste Organ der Genossenschaft, die Generalversammlung, wählt den Vorstand und den Aufsichtsrat.

23 Anastasiadis et al. (2003), S. 67.

24 Ettl/Nowotny (2002), S. 244.

Der Vorstand ist für die Geschäftsführung und die Vertretung der Gesellschaft verantwortlich, der Aufsichtsrat für dessen Kontrolle 25. Ein Beispiel für Genossenschaften ist die WAG (Wiener Assistenzgenossenschaft), die für Menschen mit Behinderung die Organisation einer persönlichen Assistenz übernimmt.

25
Badelt (2002), S. 245f.

Der Anwendungsbereich von **Kapitalgesellschaften** ist nahezu uneingeschränkt, sie sind also auch zur Verfolgung ideeller Zwecke geeignet. Die **Gesellschaft mit beschränkter Haftung** und die **Aktiengesellschaft** werden durch ihre Eintragung ins Firmenbuch konstituiert. Dadurch werden sie nicht nur Rechtsperson, sondern auch Formkaufmann, und unterliegen damit den Normen des Handelsrechts. Voraussetzung dafür ist der Abschluss eines Gesellschaftsvertrages (GmbH) bzw. einer Satzung (AG). Die Gesellschafter einer GmbH bringen ihre Anteile am Stammkapital (mindestens 35.000 Euro) ein und sind gemäß ihrem Anteil an der Gesellschaft beteiligt. Die Haftung der Gesellschafter ist damit auf ihren Anteil am Gesellschaftsvermögen beschränkt.

Das Grundkapital einer AG muss zumindest 70.000 Euro betragen und ist auf Aktien aufgeteilt. Jede Aktie hat einen bestimmten Nennbetrag, aus der sich der Anteil am Geschäftsvermögen ergibt. Die Stimmrechte der Aktionäre sind entsprechend diesen Anteilen am Grundkapital verteilt. Die Gesamtheit der Aktionäre, die Hauptversammlung, ist oberstes Entscheidungsorgan und wählt Vorstand und Aufsichtsrat. Die Hauptaufgaben des Vorstands sind Geschäftsführung und Vertretung der AG. Diese Aufgabe wird in einer GmbH vom Geschäftsführer wahrgenommen, der von der Gesamtheit der Gesellschafter, der Generalversammlung gewählt wird. Die Bestellung eines Aufsichtsrates ist in GmbHs erst ab einer bestimmten Gesellschaftsgröße obligat.

Die Bezeichnung **gemeinnützige GmbH (gGmbH)** beschreibt keine eigene Rechtsform, sondern betont lediglich den Unternehmenszweck der Gesellschaften. Dies hat keinerlei Auswirkungen auf die anzuwendenden Normen des Gesellschaftsrechts, lediglich die eingangs genannten steuerrechtlichen Unterschiede sind anwendbar 26. Als Beispiele dienen hier die Sozialbau gemeinnützige Wohnungsaktiengesellschaft sowie die ARCUS Sozialnetzwerk gGmbH, die Beratungs- und Betreuungsdienstleistungen für hilfsbedürftige Menschen in der Region Mühlviertel erbringt.

Die **Stiftung** ist eine auf Dauer gewidmete Vermögensmasse mit eigener Rechtspersönlichkeit. Eine Stiftung hat keine Mitglieder oder Gesellschafter, dafür Destinatäre, deren Begünstigung Zweck der Stiftung ist. Das österreichische Recht unterscheidet zwischen Stiftungen des öffentlichen Rechts und Stiftungen nach dem Privatstiftungsgesetz. Öffentlichrechtliche Stiftungen werden durch eine Zulässigkeitserklärung der Verwaltungsbehörde gegründet und dürfen nur gemeinnützige Ziele verfolgen. Privatstiftungen werden durch eine Stiftungserklärung errichtet, wobei das Stiftungsvermögen mindestens 70.000 Euro betragen muss und im Firmenbuch eingetragen wird. Das Privatstiftungsgesetz sieht die Bestellung eines Vorstandes vor. Auf Wunsch des Stifters bzw. ab einer bestimmten Anzahl an Arbeitnehmern wird zudem ein Aufsichtsrat bestellt, der die Geschäftsführung des Vorstandes kontrolliert. Im Gegensatz zur Stiftung ist das Vermögen bei **Fonds** nicht auf Dauer gewidmet, sondern auf einen bestimmten Zeitraum beschränkt. Prominente Beispiele sind das Museum moderner Kunst Stiftung Ludwig Wien und der Fonds Soziales Wien.

TYPISIERUNG UND KLASSIFIZIERUNG NACH TÄTIGKEITSFELDERN

NPOs werden nach verschiedenen Kriterien unterschieden: Badelt (2002) differenziert zwischen Eigenleistungs- und Fremdleistungs-NPOs. **Eigenleistungs-NPOs**, zu denen

26
Badelt (2002), S. 247ff.

freiwillige Interessensvertretungen, Verbände und Selbsthilfegruppen zählen, fördern in erster Linie die Anliegen ihrer Mitglieder und erstellen Leistungen, die diesen zugutekommen (Sportvereine, Autofahrerclubs). **Fremdleistungs-NPOs** bieten vorwiegend Leistungen für die Allgemeinheit (Forschung, Umweltschutz) bzw. für bestimmte Personengruppen außerhalb der Organisation (Krankentransporte, Pflege, Beratung, Katastrophenhilfe) an [27].

Zudem wird zwischen verwaltungsnahen, basisnahen und wirtschaftsnahen NPOs unterschieden. Viele der großen Fremdleistungs-NPOs, die Dienstleistungen „am Markt" anbieten, können als **wirtschafts- oder marktnahe** NPOs bezeichnet werden. Diese bedienen sich geldbasierter Steuerungselemente und unterscheiden sich in ihrem organisationalen Handeln kaum von gewinnorientierten Unternehmen. Die Vielzahl an Selbsthilfegruppen und lokalen Initiativen gelten als **basisnahe**. Dabei handelt es sich um meist junge Organisationen, die eher dem informellen Sektor nahe stehen. Durch die Auslagerung früher vom Staat wahrgenommener Aufgaben entstehen schließlich laufend neue **verwaltungsnahe** NPOs (z. B. Austrian Development Agency, Arbeitsmarktservice). Diese sind oft mit der Bearbeitung schwieriger sozialer Problemstellungen betraut und durch wiederkehrende Leistungsverträge eng finanziell an staatliche Verwaltungseinrichtungen gebunden. Mit diesem Auftraggeber wird das Leistungsangebot abgesprochen – die staatliche Einflussnahme ist folglich sehr hoch [28].

Im Rahmen des Johns-Hopkins Comparative Nonprofit Sector Project nehmen Salomon und Anheier eine **Klassifizierung** der NPOs **nach ihren Tätigkeitsfeldern** vor: Die Autoren ordnen Organisationen anhand ihrer Aktivitäten zwölf Gruppen zu [29]:

1. Kultur, Sport, Freizeit
2. Bildung & Forschung

27
Badelt (2002), S. 71.

28
Ostermeier (2002), S. 58f.

29
Salomon et al. (2003), S. 10.

3. Gesundheit (Krankenanstalten und Rehabilitation, Alten- und Pflegeheime)
4. soziale Dienste (Kinderbetreuung, außerschulische Jugendarbeit, Katastrophenschutz, Sonstige)
5. Umwelt- & Naturschutz
6. Lokale Entwicklung & Wohnwesen (Gemeinschafts- & Nachbarschaftsorganisationen, Wohnwesen, Beschäftigung & Training etc.)
7. Rechtswesen, Interessensvertretung, Politik
8. Stiftungs- & Spendenwesen, Freiwilligenarbeit
9. Internationale Aktivitäten
10. Religion
11. Wirtschafts- & Berufsverbände, Gewerkschaften
12. Sonstiges

Die vorliegende Studie konzentriert sich auf die Untersuchung von NPOs in den Bereichen Gesundheit, soziale Dienste, Umwelt und Internationale Aktivitäten (mehr dazu im Kapitel Zielsetzung und Methodik). Nach einer kurzen Einführung in die geschichtliche Entwicklung, wird eine Auswahl an Theorien zur Entstehung von NPOs vorgestellt.

HISTORISCHE WURZELN UND ENTSTEHUNGSTHEORIEN

Die **historischen Wurzeln** von Nonprofit-Organisationen liegen in den

> „Selbsthilfeeinrichtungen des Dritten Systems aus dem 19. Jahrhundert: Die Raiffeisen-, Volks- und Genossenschaftsbanken, die Sozialversicherung, die Wohlfahrtsverbände. In vielen europäischen Ländern, z. B. in Frankreich, gelten die Genossenschaften (coopératives), die Versicherungsvereine auf Gegenseitigkeit (mutualités) und die gemeinnützigen Vereinigungen (associations) noch heute als die drei Grundpfeiler der Sozialwirtschaft“ [30].

30 Birkhölzer (2000), S. 75f.

Im 19. Jahrhundert, das vom Umbruch der Gesellschaft und der Entstehung der Bürgergesellschaft geprägt war, entstanden zahlreiche Initiativen der Arbeiterschaft, der Kirchen und der Jugend als Gegenbewegungen zum aufstrebenden Kapitalismus und der Marktwirtschaft. Diese „beruhten primär auf informell organisiertem, freiwilligem Engagement [in einem] vorrangig religiöse[n], sozialistische[n] und bürgerliche[n] Kontext" [31]. Ebenso kamen genossenschaftliche Vereinigungen als Selbsthilfeorganisationen und Interessensvertretungen für Arbeiter, Landwirtschaft und Kleingewerbe auf und wurden durch ihre Einflussnahme auf die Gesetzgebung „zu einem wesentlichen Element des politischen Systems. [...] Insbesondere im Bildungs-, Sozial- und Gesundheitsbereich übernahmen diese Interessensvertretungen zunehmend Dienstleistungsfunktionen und stellen so den Vorläufer für den Dritten Sektor dar" [32].

Aus **ökonomischer** Sicht erklärt Finis-Siegler (2001) die Entstehung von NPOs mit dem Versagen der Alternativen Markt und Staat. Von **Marktversagen** spricht man, wenn gewinnorientierte Unternehmen bestimmte Güter und Dienstleistungen nicht (in ausreichender Menge) anbieten, obwohl für diese Bedarf bzw. Nachfrage besteht. Da mit sogenannten öffentlichen Gütern (z. B. Straßenbeleuchtung) kein Gewinn zu erzielen ist, werden diese auch nicht von Privatunternehmen angeboten. Hier müssen andere Bereiche – Staat und Dritter Sektor – einspringen, um die Nachfrage zu befriedigen.

Zu Marktversagen kommt es überdies bei einer Unterversorgung mit meritorischen Gütern, d. h. Gütern, die aus gesellschaftlicher Sicht einen hohen Nutzen stiften (z. B. Bildung und Gesundheit). Grund für diese Unterversorgung ist die unzureichende Nachfrage von Seiten der Konsumenten, da diese den Marktpreis nicht zahlen können oder aufgrund von Informationsmängeln oder verzerrten Präferenzen zu einer anderen Bewertung des Nutzens kommen und

31
Anastasiadis et al. (2003), S. 12.

32
Anastasiadis et al. (2003), S. 13.

den Marktpreis nicht zahlen wollen. Insbesondere bei Gütern und Dienstleistungen, wie medizinischen und sozialen Leistungen, deren Qualität und erforderliche Quantität nur schwer von den Konsumenten beurteilt werden kann, vertrauen diese lieber NPOs, da von Organisationen, die nicht auf Gewinn ausgerichtet sind, kein opportunistisches Verhalten erwartet wird [33].

Zur Entstehung von NPOs als Reaktion auf **Staatsversagen** kommt es, weil sich die Politik primär an den Interessen und Bedürfnissen der Mehrheit orientiert. Der „Lückenfüller" NPO kann der dadurch entstehenden Unterversorgung von gesellschaftlichen Randgruppen entgegenwirken und seinerseits öffentliche und/oder meritorische Güter bereitstellen [34].

Allerdings „versagen" nicht nur Markt und Staat, auch der **Nonprofit-Sektor weist in etlichen Belangen ungesicherte Bereiche auf**: Die Kontinuität der Dienstleistungen kann aufgrund schwankender Subventionen, Spenden und freiwilliger Mitarbeit nur unzureichend garantiert werden. Darüber hinaus können Geldgeber und Sponsoren Einfluss auf das Leistungsangebot nehmen [35]. Die Schwächen des Nonprofit-Sektors lassen sich allerdings gut mit den Stärken des Staates verbinden. Die **Interdependenztheorie** geht davon aus, dass die beiden Sektoren einander bedürfen und dass NPOs gerade durch die Zusammenarbeit mit dem Staat in der Lage sind, die genannten Hindernisse zu überwinden. Im Gegensatz zu den oben genannten Theorien, die eine Konkurrenz zwischen den Sektoren annehmen, unterstellt dieser Ansatz den beiden Sektoren ein partnerschaftliches Verhältnis. NPOs sind im Stande, potentielle Mängel in der staatlichen Leistungserbringung (Inflexibilität, Bürokratisierung, Unpersönlichkeit etc.) zu überwinden und durch ihre eigenen Stärken auszugleichen. „NPOs werden [...] häufig als Ideenlieferanten, als Stellen mit besonders hoher fachlicher Expertise und sehr guten

33
Finis-Siegler (2001), S. 5ff.

34
Finis-Siegler (2001), S. 5ff.

35
Nährlich (1998), S. 13.

Kontakten zu relevanten Bezugsgruppen gesehen, und in diesem Sinne auch von öffentlichen Stellen genützt" [36]. Umgekehrt kann der Staat den Beschränkungen der Nonprofit-Organisationen in Bezug auf freiwilliger Hilfe und Finanzierungsmöglichkeiten entgegenwirken. Die Zusammenarbeit der beiden Sektoren ist somit als logischer Kompromiss zu sehen [37]. Speziell im deutschsprachigen Raum weist die Aufgabenteilung zwischen Nonprofit-Organisationen und der öffentlichen Verwaltung eine lange Tradition auf [38]. Hier sind v. a. die freien Wohlfahrtsverbände zu nennen, die dank des **Subsidiaritätsprinzips** [39] in die sozialstaatliche Leistungserbringung eingebunden sind.

36 Schober/Schober (2004), S. 33.

37 Schober/Schober (2004), S. 33.

38 Heitzmann (2000), S. 31.

39 Die Ursprünge des Subsidiaritätsgedankens gehen auf den Liberalismus und die katholische Soziallehre des 19. Jahrhunderts zurück und fordern mehr Eigeninitiative des Individuums. Der Staat soll nur nachrangig, also subsidiär Verantwortung übernehmen – was der Einzelmensch leisten kann, soll ihm nicht vom Staat abgenommen werden. Die Tätigkeit privater Organisationen hat folglich Vorrang vor staatlichen Aktivitäten.

NPO-LANDSCHAFT IN ÖSTERREICH/WIEN

Der österreichische Nonprofit-Sektor ist in Bezug auf Tradition, politischer Orientierung, Tätigkeitsfelder und Organisationsgrößen äußerst heterogen.

> „Es ist wichtig, NGOs in ihrer Vielfalt und ihren Aufgaben genau zu erfassen, weil sich hinter den Themen NPO, NGO, NRO eine unglaubliche Bandbreite von Organisationen verbirgt und die Tätigkeitsfelder, die einzubringenden Kompetenzen sowie die dahinter stehenden Kunden – Kinder, Katastrophengebiete, Spender – unglaublich verschieden sind",

betont Georg Gruber von Fairtrade. Badelt (2002) fasst die **Strukturmerkmale in der österreichischen NPO Landschaft** wie folgt zusammen: „Vor allem die großen und traditionsreichen NPOs stehen in der überwiegenden Mehrzahl in der Nähe oder im direkten **Einflussbereich** von **politischen Parteien** oder der **Kirche(n)"**. In manchen Bereichen ist der „Markt" sogar auf diese Einflusssphären aufgeteilt, sodass die daneben existierende Vielfalt an **basisorientierten Selbsthilfegruppen** und **lokalen Vereinen** nur überleben kann, solange sie ihren Einflussbereich klar auf (sachlich und/oder regional) definierte Aufgaben beschränkt. Große und traditionsreiche Organisationen schließen sich häufig in **Dachverbänden** zusammen, die organisationsintern (in Form von Bundesverbänden), branchenübergreifend (z. B. Arbeitsgemeinschaft Entwicklungszusammenarbeit) oder für den gesamten Sektor (z. B. Interessensgemeinschaft Österreichischer Gemeinnütziger Vereine) bestimmte Aufgaben übernehmen (z. B. Lobbying). Darüber hinaus bestehen zahlreiche personelle und organisatorische Verflechtungen mit dem **öffentlichen Sektor**, der NPOs im hohen Ausmaß durch Subventionen und den Ankauf von Leistungen (mit)**finanziert** 40.

Eine eindeutige **quantitative Erfassung** des Nonprofit-Sektors ist sehr schwierig, da die amtliche Statistik in diesem Bereich sehr unvollständig ist und zahlreiche Organisationen überhaupt nicht erfasst sind. Dennoch können Teilbereiche, insbesondere das Vereinsregister, aussagekräftige Informationen liefern. Österreichweit existierten im Jahr 1999 über 102.000 Vereine, die die häufigste gewählte Rechtsform darstellen. Mit einem Anteil von knapp 23 % stehen die Sport- und Turnvereine an erster Stelle.

Die einzige umfassende Erhebung des Sektors stammt von Karin Heitzmann (2000), die Zahlen für das gesamte Organisationsspektrum im NPO-Sektor (basierend auf Daten aus dem Jahre 1997) liefert. Laut ihrer Untersuchung existierten im Jahr 1997 österreichweit insgesamt über 94.200 Nonprofit-Organisationen 41. Mit knapp 62.000 Einrichtungen entfallen mehr als zwei Drittel des Sektors allein auf die Bereiche Kultur, Sport und Freizeit. An zweiter Stelle stehen soziale Dienste mit einem Anteil von 14,3 % der NPOs. Den kleinsten Anteil stellen Umweltorganisationen mit immerhin 112 Organisationen dar 42.

40
Badelt (2002), S. 71.

41
Obwohl lediglich etwa 90 % der NPOs als Vereine organisiert sind, zählt allein das Vereinsregister im gleichen Jahr 96.288 Einträge. Heitzmann spricht daher von einer sehr vorsichtigen Schätzung, in der Organisationen, die aus mehreren Teilvereinen bestehen, nur einmal gezählt werden.

42
Heitzmann (2000), S. 154.

Tabelle 1: Anzahl der österreichischen Nonprofit-Organisationen – Stand 1997, Quelle: Heitzmann (2000), S. 154.

BEREICHE	absolut	relativ
Kultur, Sport , Freizeit	61.815	65,6 %
Bildung und Forschung	6.674	7,1 %
Gesundheit	250	0,3 %
soziale Dienste	13.437	14,3 %
Umwelt	112	0,1 %
Interessensvertretung und Politik	1.890	2,0 %
Stiftungs- und Spendenwesen, Freiwilligenarbeit	598	0,6 %
Internationale Aktivitäten	673	0,7 %
Religionsgemeinschaften	4.027	4,3 %
Wirtschafts-, Berufsverbände und Gewerkschaften	4.785	5,1 %
	94.261	**100,0 %**

43 Anastasiadis et al. (2003), S. 73ff.

Eine Untersuchung über **Tradition** und finanzieller Basis der Dritt-Sektor-Einrichtungen in Wien nehmen Anastasiadis et al. (2003) vor. Die traditionsreichsten Einrichtungen sind Versicherungsvereine auf Gegenseitigkeit und Genossenschaften mit Gründungsdaten Ende des 19. Jahrhunderts. Diese zählen zwar zum Dritten Sektor, aber aufgrund des Gewinnausschüttungsverbotes nicht zum NPO-Sektor. Zu den traditionsreichsten NPOs gehören Organisationen in den Bereichen Sport, Freizeit und Religionsgemeinschaften. Fonds und gemeinnützige GmbHs sowie Organisationen in den Bereichen soziale Dienste, Gesundheit und Internationale Aktivitäten zählen meist zu den jüngeren Organisationen [43].

Die Spannbreite der **Jahresbudgets** ist mit Beträgen zwischen 200 Euro (Kleinstvereine) und 145 Mio. Euro (große Organisationen) beachtlich. Das durchschnittliche Jahresbudget im Bereich lokale Entwicklung und Wohnwesen liegt dabei deutlich über den Durchschnittswerten der übrigen Branchen. Bildung und Forschung folgen an zweiter Stelle, Umwelt- und Tierschutz belegen den dritten Platz. Ein Zusammenhang kann auch zwischen der Rechtsform und der finanziellen Basis einer Organisation hergestellt werden: Während Vereine tendenziell über geringere Budgets verfügen, sind Genossenschaften, gemeinnützige GmbHs und Fonds mit höheren finanziellen Ressourcen ausgestattet. Insbesondere marktnahe, traditionsreiche und international tätige Organisationen verfügen über hohe Budgets. Junge, basisnahe sowie national und lokal agierende Einrichtungen müssen mit den geringsten Mitteln auskommen 44. Dabei ist zu beachten, dass sich die überwiegende Mehrheit (66 %) der 630 von Anastasiadis et al. telefonisch befragten Organisationen als basisnahe bezeichnet. 23 % sehen sich in einem Naheverhältnis zum Markt, relativ selten (11 %) schätzen sich Einrichtungen als verwaltungsnahe ein 45.

Die **Finanzierung** erfolgt meist durch eine Kombination aus Mitgliedsbeiträgen, öffentlichen und selbst erwirtschafteten Mitteln, Spenden und Sponsoring sowie Sach- und Zeitspenden. Die untenstehende Abbildung zeigt den durchschnittlichen Finanzierungsmix Wiener Drittsektor-Organisationen (siehe Abbildung 2).

Einschränkend muss bemerkt werden, dass sich diese Zahlen auf den Dritten Sektor in Wien beziehen und somit die marktnahen Genossenschaften und Versicherungsvereine auf Gegenseitigkeit u. Ä. mit einschließen. Diese sind kaum staatlich gefördert, sondern finanzieren sich durch den Verkauf ihrer Produkte und Dienstleistungen. Der Anteil öffentlicher Zuwendungen im NPO-Sektor, der nur einen Teilbereich des Dritten Sektors abdeckt, ist demnach größer und liegt zwischen 40 und 46 % 46.

Mitgliedsbeiträge sind insbesondere in basisnahen Organisationen sowie in Wirtschafts- und Berufsverbän-

44 Anastasiadis et al. (2003), S. 136ff.

45 Anastasiadis et al. (2003), S. 75.

46 Anastasiadis et al. (2003), S. 142.

47 Anastasiadis et al. (2003), S. 143f.

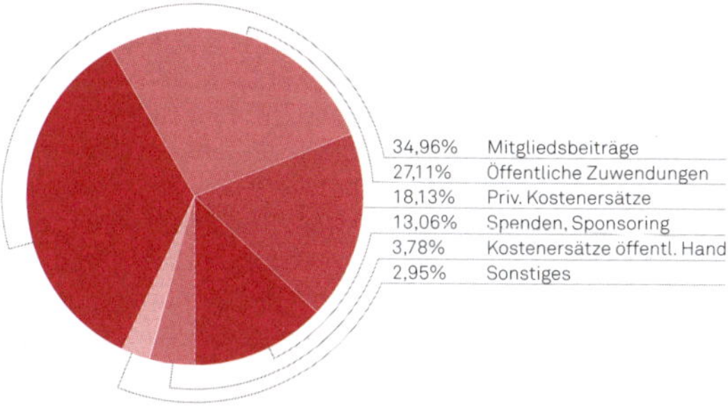

Abbildung 2: Durchschnittlicher Finanzierungsmix,
Quelle: Anastasiadis et al. (2003), S. 142.

den, Gewerkschaften und Sportvereinen von Bedeutung. Hohe Anteile an öffentlichen Mitteln finden sich in den Bereichen soziale Dienste, Kultur, Bildung und Forschung sowie in verwaltungsnahen Organisationen. Der Anteil der Spenden am Gesamtbudget liegt im Durchschnitt nur bei etwa 13 %, in einigen Branchen zählen Spenden jedoch zu den wichtigsten Einnahmequellen. Insbesondere in den Bereichen Religion (39 %), Internationale Aktivitäten (29 %), Gesundheit (25 %) sowie Umwelt- und Tierschutz (20 % des Gesamtbudgets) spielen Spenden eine große Rolle 47.

WIRTSCHAFTSFAKTOR NPO

Der österreichische Nonprofit-Sektor ist nicht nur in sozialer und politischer Hinsicht von Bedeutung, er stellt auch einen erheblichen Wirtschaftsfaktor dar. In Anbetracht fehlender aktueller statistischer Daten kann nur ein ungefähres Bild des Sektors vermittelt werden. Beispielsweise waren im Bereich der **Ausgaben** die Personalausgaben in vielen Tätigkeitsbereichen einziger Anhaltspunkt für eine Schätzung. Diese sind einerseits die wichtigste Ausgabenkategorie von NPOs, andererseits sind Daten, die sich nicht auf das Personal beziehen, besonders schwer verfügbar. Heitzmann geht hier von sektorweiten Ausgaben in einer Höhe von 5,7 Mio. Euro aus, wobei etwa 56 % davon auf Personalausgaben entfallen. Unter Berücksichtigung von kalkulatorischen Lohnkosten für ehrenamtliche Mitarbeiter wären die Ausgaben etwa doppelt so hoch.

Die **Einnahmen** schätzt Heitzmann auf rund 5 Mio. Euro, wobei sie die Differenz zwischen Einnahmen und Ausgaben nur zum Teil als Verluste wertet. Sie führt diesen Unterschied (von immerhin 700.000 Euro) auch auf lückenhaftes Datenmaterial zurück [48]. Bezüglich des **Spendenvolumens** besteht unter den Marktforschungsinstituten allerdings Uneinigkeit: Einschätzungen des jährlichen Spendenaufkommens in Österreich reichen von 250 Mio. bis 568 Mio. Euro. Die Interessensgemeinschaft Österreichischer Gemeinnütziger Vereine (Interview 19) spricht von einem Wert zwischen 250 und 350 Mio. Euro [49].

Heitzmann geht zudem von einem **Bruttoproduktionswert** von mindestens 6,32 Mrd. Euro (etwa 3,5 % des BIP) und einer **Wertschöpfung** von rund 4,22 Mrd. Euro aus. Den größten Beitrag dazu leisten die Organisationen im Sozialbereich mit einem Anteil von 31 % des Bruttoproduktionswertes bzw. 39 % der Wertschöpfung. Nicht berücksichtigt sind hier kalkulatorische Personalkosten für die zahlreichen Ehrenamtlichen. Eine Einschätzung hierzu folgt im nächsten Kapitel.

48
Heitzmann (2000), S. 158ff.

49
http://www.saz.at/FRNEWS/spendenvolumen.php (11.09.2006).

50
Heitzmann (2000), S. 155.

51
Statistik Austria (www.statistik-austria.at).

52
Z. B. Salomon und Anheier 1994, Anastasiadis et al. 2003, Zimmer und Priller (2004), in: Birkhölzer: Dritter Sektor – Drittes System, Bauer und Betzelt 2000.

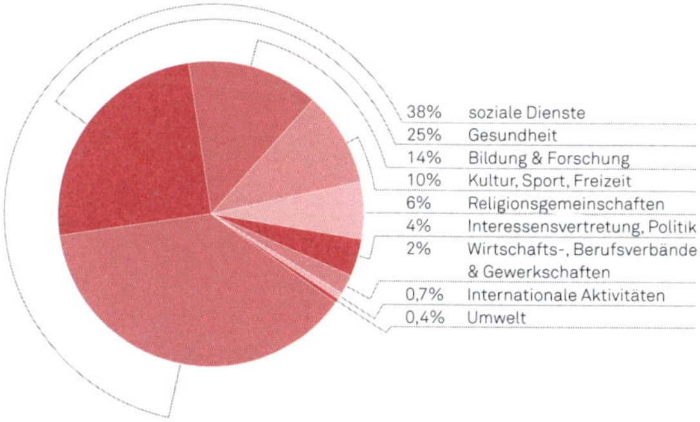

Abbildung 3: Wertschöpfung nach Branchen – Stand 1997, Quelle: Heitzmann (2000), S. 186.

BESCHÄFTIGUNGSSTRUKTUR IM NONPROFIT-SEKTOR

Im Bereich der Beschäftigung sind ebenso nur veraltete statistische Daten verfügbar. Heitzmann (2000) schätzt die Gesamtzahl der im Jahr 1997 im österreichischen NPO-Sektor Beschäftigten auf zumindest 189.000 Personen, wobei mehr als die Hälfte im Sozialbereich und knapp ein Fünftel im Bereich Bildung und Forschung tätig war (siehe Tabelle 2).

Diese Zahlen veranschaulichen die Relevanz des Sektors am Arbeitsmarkt – mehr als **6,2 % aller unselbstständig Beschäftigten** waren 1997 im Nonprofit-Sektor beschäftigt [50]. Tabelle 2 stellt die Verteilung der Beschäftigten im Jahr 1997 auf die einzelnen Branchen dar.

Unter der Annahme, dass der oben genannte Prozentsatz von 6,2 % gleich geblieben ist, würde dies bei 3,2 Mio. unselbstständig Beschäftigten im Jahre 2005 [51] eine Gesamtanzahl von rund 200.000 im NPO-Sektor Tätigen ergeben. Internationale Studien [52] ergaben jedoch, dass die

Tabelle 2: Anzahl der Beschäftigten im NPO Sektor– Stand 1997, Quelle: Heitzmann (2000), S. 155.

BEREICHE	ANZAHL absolut	relativ
Kultur, Sport, Freizeit	14.324	7,6 %
Bildung und Forschung	36.146	19,11 %
Gesundheit	19.906	10,52 %
soziale Dienste	100.422	53,10 %
Umwelt	728	0,38 %
Interessensvertretung und Politik	7.029	3,72 %
Internationale Aktivitäten	1.200	0,63 %
Religionsgemeinschaften	7.241	3,83 %
Wirtschafts-, Berufsverbände und Gewerkschaften	2.135	1,13 %
	189.131	**100,00 %**

Beschäftigung im NPO-Bereich inzwischen weitaus stärker wuchs, als jene der Gesamtwirtschaft. Dies lässt vermuten, dass die Gesamtanzahl aller im Nonprofit-Sektor Beschäftigten auch in Österreich inzwischen weit höher ist.

Auf Basis von Stichprobenerhebungen lassen sich Tendenzaussagen zur **ehrenamtlichen Beschäftigung** machen. Laut Badelt (2002) entsprach das Arbeitsvolumen aller österreichweit ehrenamtlich Beschäftigten im Jahr 2000 einem Arbeitseinsatz von 247.000 bis 481.000 ganztags Beschäftigten. Dies kommt einem Anteil von 8 % (bzw. 15 %) des Arbeitskräftevolumens der unselbständig Erwerbstätigen gleich. Ehrenamtliche Arbeit ist nicht nur für Organisationen eine wesentliche Ressource, sie ist auch ein gesellschaftliches Phänomen. Schließlich leistet mehr als die Hälfte aller erwachsenen Österreicher auch Freiwilligenarbeit [53]. Voraussetzung für deren Engagement sind die finanzielle und soziale Absicherung durch die Familie oder den Partner, verfügbare Zeitressourcen und das Verständnis der

53 Badelt (2000), S. 77.

Lebensumwelt für den freiwilligen Einsatz im Dienste Dritter.

Beachtenswert ist hier, dass **Leitungs- und Vorstandsorgane in NPOs meist ehrenamtlich** tätig sind, da nur wenige Rechtsformen (z. B. Kapitalgesellschaften) bezahlte Vorstandsfunktionen erlauben. In der größten Gruppe, den Vereinen, umfasst der Vorstand mindestens zwei natürliche Personen, in den meisten Organisationen sind jedoch weit mehr – bis zu zehn Personen – im Vorstand vertreten. Die Vorstandstätigkeit wird zu einem überwiegenden Anteil (65,3 %) von Männern ausgeübt. Ehrenamtliche Vorstände können zusätzlich auch entgeltlich beschäftigt werden, was hingegen bei Frauen häufiger (16 %) als bei Männern (11 % der Vorstände) zutrifft 54.

Weitere **geschlechterspezifische Unterschiede** sind bei der Betrachtung der Branchenverteilung und Betätigungsfelder festzustellen: Während in den Bereichen Religion (zu 86 %) und Freizeit (79,4 %) vor allem Frauen beschäftigt sind, sind die Branchen lokale Entwicklung und Wohnwesen, Kultur und vor allem der Sport Männersache 55. Frauen sind vor allem mit Administration (51 %), Betreuung und Organisation (je 20 %) betraut; Männer sind häufiger mit Führungstätigkeiten (27 %), fachspezifischen und erst an dritter Stelle mit administrativen Aufgaben beschäftigt 56.

Eine Gegenüberstellung der Daten für Wien macht deutlich, dass der NPO-Sektor besonders für **Frauen** ein attraktiver Arbeitgeber ist. Mit einem Anteil von 69,7 % liegt die Frauenquote im Dritten Sektor deutlich über dem Vergleichswert der Gesamtwirtschaft (51 %). Flexible Arbeitszeitmodelle kommen Frauen hier sicherlich entgegen. Obwohl Führungspositionen überwiegend männlich besetzt sind, ist ein Frauenanteil von 43,8 % im Vergleich beträchtlich. Im Jahresdurchschnitt 2000 waren nur ca. 28 % der Führungskräfte im Ersten und Zweiten Sektor weiblich 57.

54 Anastasiadis et al. (2003), S. 194f.

55 Anastasiadis et al. (2003), S. 200f.

56 Anastasiadis et al. (2003), S. 236.

57 Anastasiadis et al. (2003), S. 200f.

Die Mitarbeiter sind großteils zwischen 25 und 45 Jahre alt, Jüngere sind deutlich unterrepräsentiert und verfügen mit einer Akademikerquote von 49 % der Männer bzw. 39 % der Frauen über ein **überdurchschnittlich hohes Qualifikationsniveau**. Verglichen mit dem Gesamtdurchschnitt der Beschäftigten in Wien ist auch die Anzahl der Mitarbeiter mit Pflichtschulabschluss äußerst gering [58].

Anastasiadis et al. unterscheiden zwischen beschäftigungswirksamen und beschäftigungsintensiven Branchen. Die **Beschäftigungswirksamkeit** misst die Anzahl der bezahlt Beschäftigten pro Organisation. In 75,9 % der Sport- und 51,7 % der Freizeitorganisationen sind ausschließlich unbezahlte Mitarbeiter engagiert. Damit weisen diese beiden Bereiche die geringste Beschäftigungswirksamkeit auf. 47 % der Einrichtungen im Sozialbereich beschäftigen zehn und mehr Mitarbeiter, diese Branche ist am beschäftigungswirksamsten.

Beschäftigungsintensive Branchen sind – ausgehend vom Anteil der Hauptamtlichen an der Zahl der Gesamtbeschäftigten (Haupt- und Ehrenamtliche) – vor allem die Bereiche soziale Dienste, Bildung und Forschung, Lokale Entwicklung und Wohnwesen und der Gesundheitsbereich. Während 56,2 % der Mitarbeiter im beschäftigungsintensiven Bereich soziale Dienste entgeltlich beschäftigt sind, arbeiten im Bereich Internationale Aktivitäten nur 28,8 % hauptamtlich.

Auch eine **Korrelation zwischen der gesellschaftlichen Positionierung von Organisationen und der Anzahl ihrer bezahlt Beschäftigten** kann festgestellt werden. Demnach engagieren basisnahe Organisationen großteils keine bis maximal fünf Beschäftigte, während markt- und verwaltungsnahe oft mehr als 20 Hauptamtliche beschäftigen. Ein weiterer Zusammenhang kann zwischen der Tradition und der Beschäftigung Hauptamtlicher identifiziert werden. Traditionellere Einrichtungen, wie das Rote

58 Anastasiadis et al. (2003), S. 234f.

Kreuz und die Caritas, sind tendenziell beschäftigungswirksamer [59].

59
Anastasiadis et al. (2003), S. 196ff.

Der Nonprofit-Sektor bietet vielschichtige Möglichkeiten, sich zu engagieren und die Gesellschaft mitzugestalten. NPOs fördern nicht nur Gemeinsinn, als Sensor und Sprachrohr für gesellschaftliche Probleme nehmen sie auch eine Kontrollfunktion gegenüber dem Staat wahr und beeinflussen durch Kampagnen und Lobbying politische Entscheidungen. Als Alternative zu Staat und Markt erbringen sie Leistungen, die dem Gemeinwohl dienen und übernehmen damit wohlfahrtstaatliche Aufgaben.

Als häufigste Rechtsform im Sektor spielt der Verein eine große Rolle. Denn die Wahl der Rechtsform beeinflusst auch die Rahmenbedingungen für die Tätigkeit einer NPO. Die Besonderheiten des Vereins: Der ehrenamtliche Vorstand und die starke Mitsprache der Mitglieder haben auch Auswirkungen auf die Beschäftigten selbst. Insbesondere das Nebeneinander von haupt- und ehrenamtlichen Mitarbeitern ist eine Herausforderung für viele NPOs.

Auch die Finanzierung einer Organisation und ihre Abhängigkeit von einzelnen, oft unsicheren Geldquellen beschränkt oftmals die Möglichkeiten einer NPO, ihre Ziele umzusetzen und den Beschäftigten einen sicheren Arbeitsplatz zu bieten. Trotz dieser Unsicherheiten gewinnen NPOs nicht nur als Gestalter der Gesellschaft, sondern auch als Wirtschaftsfaktor und Arbeitsgeber zunehmend an Bedeutung.

ZIELSETZUNG UND METHODIK DER STUDIE

UNTERSUCHUNGSZIELE UND ABGRENZUNG ZU ANDEREN UNTERSUCHUNGEN

Ziel der Studie ist, das an Attraktivität gewinnende Arbeitsfeld der Nonprofit-Organisationen näher zu beleuchten und **aktuelle Entwicklungen** zu beschreiben. Angesichts des steigenden Interesses an einer beruflichen Tätigkeit im Nonprofit-Bereich werden **Beschäftigungsmöglichkeiten** aufgezeigt und die dafür erforderlichen **Qualifikationsprofile** dargestellt. Dazu werden die **Wege in eine Organisation** – vom Einstieg durch freiwillige Mitarbeit bis zur Rekrutierung in Ausschreibungsverfahren – untersucht. Weiters soll der „**Mythos NPO**" im Hinblick auf Arbeitsweisen und -umfeld, sowie auf organisationale Veränderungen hinterfragt werden. Darüber hinaus werden Problemfelder von NPOs in ihrer **Rolle als Arbeitgeber** angesprochen.

Als quantitative Grundlage wurden Untersuchungen herangezogen, die Ausmaß und Struktur der Beschäftigung im österreichischen NPO- bzw. Dritten Sektor in Wien beschreiben. Das verfügbare Datenmaterial ist weitgehend veraltet, kann aber zumindest einen Eindruck von Größe und Potential des Sektors vermitteln. Die zwei wichtigsten Untersuchungen in diesem Zusammenhang sind die von Karin Heitzmann (2000) verfasste Dissertation „Dimensionen, Strukturen und Bedeutung des Nonprofit Sektors", die eine umfassende Erhebung des gesamten österreichischen NPO-Sektors beinhaltet, allerdings auf Daten aus dem Jahr 1997 beruht.

Die weitaus aktuellere Studie „Der Dritte Sektor in Wien" von Anastasiadis et al. (2003) untersucht mithilfe von 630 quantitativen Telefoninterviews und 34 qualitativen Expertengesprächen eine Vielzahl von Aspekten, wie Personalmanagement, Finanzierung und Qualitätsmanagement in einem repräsentativen Sample von Drittsektor-Organisationen. Die Ergebnisse sind auf den Raum Wien beschränkt und gelten für den gesamten Dritten Sektor. Dennoch sind die Ergebnisse zumindest teilweise auf den enger gefassten NPO-Sektor übertragbar und fließen daher in die vorliegende Studie mit ein.

Bisherige Untersuchungen zum Thema Beschäftigung in NPOs befassen sich mit quantitativen Aspekten oder mit Personalmanagement in NPOs. Die Themen im Fokus der vorliegenden Studie – Formen und Möglichkeiten der Mitarbeit, Einstiegsmöglichkeiten, Qualifikationsprofile und die steigende personelle Durchlässigkeit zwischen Nonprofit-Sektor und Privatwirtschaft – blieben bisher weitgehend unbeachtet. Zu diesen Themen wurden Führungspersönlichkeiten und Personalverantwortliche in leitfadengestützten, qualitativen Interviews befragt.

Abschließend wird die **gesellschaftliche Verantwortung von Unternehmen** aus Sicht der NPOs beleuchtet. Corporate Social Responsibility (CSR) ist ein viel diskutiertes Konzept, das auch den Austausch zwischen Nonprofit-Organisationen und der Wirtschaft fördern kann. Welche Haltung Vertreter von NPOs gegenüber CSR einnehmen und welchen Stellenwert **Kooperationen mit der Wirtschaft** in NPOs haben, wird im zweiten Teil der vorliegenden Studie thematisiert.

HETEROGENITÄT: AUSWAHL UND KATEGORISIERUNG DER INTERVIEWPARTNER

Um der Vielseitigkeit des Sektors Rechnung zu tragen, wurden 20 in Wien ansässige NPOs, die einen Querschnitt aus Branche, Tradition, räumlichem Wirkungsfeld und finanzieller Basis darstellen, untersucht. Um eine Vergleichbarkeit der Ergebnisse zu ermöglichen, erschien eine Konzentration auf einen Ausschnitt des äußerst heterogenen Sektors zielführend. Der Fokus der Studie liegt zunächst auf den

beschäftigungswirksamen Bereichen, d. h. Organisationen mit bezahlten Mitarbeitern.

Konkret konzentriert sich diese Untersuchung auf Organisationen in den Bereichen soziale Dienste, Gesundheit, Frauen und Kinder, Umwelt- und Naturschutz, Menschenrechte, Entwicklungszusammenarbeit (EZA) und Globalisierung, die allesamt **Spenden sammelnde Fremdleistungs-NPOs** sind. Der Klassifizierung des Johns Hopkins Comparative Nonprofit-Sector Project folgend, wurden die Organisationen den Gruppen soziale Dienste, Gesundheit, Umwelt und Internationale Aktivitäten zugeordnet. Einige NPOs, die sowohl soziale Dienste anbieten als auch im Gesundheitsbereich tätig sind, wurden zu der erstgenannten Gruppe gezählt.

Diese Bereiche stellen bewusst nur einen Ausschnitt des NPO-Sektors – und damit des NPO-Arbeitsmarktes – dar; ausgeklammerte Bereiche wie Kultur, Freizeit und Bildung unterscheiden sich jedoch wesentlich von den untersuchten und bedürfen einer eingehenden, separaten Untersuchung.

Die folgenden Tabellen stellen die Verteilung der befragten Organisationen im Hinblick auf Rechtsform, Branche, Tradition, räumliches Wirkungsfeld (sowohl österreichweit als auch international), finanzielle Basis, Hauptfinanzierungsquelle und Mitarbeiteranzahl dar.

Innerhalb der Gesamtgruppe der befragen Nonprofit-Organisationen lassen sich zwei Richtungen von Organisationen – „soziale Dienstleister" und „Pressure Groups" identifizieren, die in mehreren Aspekten Gemeinsamkeiten aufweisen.

„**Soziale Dienstleister**" zeichnen sich durch eine föderale Struktur mit zentraler Dachorganisation aus. Diese sind sowohl in Bezug auf ihre finanzielle Basis als auch auf ihre Mitarbeiteranzahl die größten befragten Organisationen und finanzieren sich zum Großteil über staatliche und

Tabelle 3: Strukturierung der Interviewpartner, eigene Darstellung.

Rechtsform	Verein 19	GmbH 1				
Branche	soziale Dienste 3	Gesundheit 3	Umwelt 2	Internationale Aktivitäten 10	Dach-verband 2	
Tradition in Jahren	> 100 Jahre 2	30–100 J. 3	20–30 J. 2	10–20J. 7	5–10 J. 3	0–5 J. 3
räumliches Wirkungsfeld	rein Österreich 3	Österreich und International 12	rein Inter-national 5			
Finanzielle Basis	< 1 Mio. 2	2–5 Mio. 3	5–10 Mio. 5	10–100 Mio. 2	> 100 Mio. 3	
Finanzierungs-mix	> 50 % staatliche Gelder 7	ausge-glichen/ k.A. 4	> 50 % Spenden 9			
Mitarbeiter-anzahl	< 10 MA 3	10–19 MA 6	20–49 MA 5	50–100 3	mehrere 1.000 3	

private Leistungsentgelte. Weiters sind sie die traditionsreichsten NPOs und in Leitungspositionen meist männerdominiert. Sie verfügen nicht nur über einen großen Pool an freiwilligen Mitarbeitern, sie haben auch zahlreiche Zivildiener im Einsatz. Mit einem großen Anteil an sozialberuflichen Mitarbeitern, ist die Akademikerquote ihres Personals vergleichsweise gering.

„**Pressure Groups**" begreifen sich als politische Akteure und nehmen ihre Rolle als Sensoren für gesellschaftliche Probleme, z. B. in den Bereichen Umwelt, Menschenrechte und Globalisierung, wahr. Sie arbeiten vor allem als Themenanwälte und führen durch Aktionen und Kampagnen der Politik und Gesellschaft Missstände vor Augen. Um ihre Unabhängigkeit zu bewahren, finanzieren sie sich ausschließlich durch Spenden und Mitgliedsbeiträge. Sie sind nahe an der Basis, oft lokal organisiert und verfügen meist über einen Pool an zahlreichen Freiwilligen.

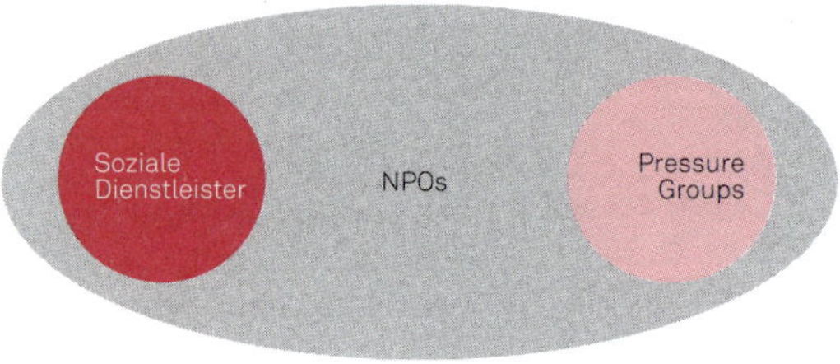

Abbildung 4: Gruppierung der befragten NPOs, Quelle: eigene Darstellung.

NPOS ALS ARBEITGEBER

Was zeichnet NPOs als Arbeitsgeber aus? Warum übt der Sektor auf so viele Menschen eine Anziehungskraft aus? Wie werden NPOs von außen wahrgenommen und wie sehen sie sich selbst? Welche Erwartungen haben Bewerber an eine NPO und welche Qualifikationen wünschen sich NPOs von ihren Mitarbeitern?

Bei der Betrachtung der Nonprofit-Organisation als Arbeitgeber wird ein Überblick über die möglichen Formen des Einstiegs und der Mitarbeit sowie ein Einblick in das Recruiting gegeben. Darüber hinaus werden Entwicklungsmöglichkeiten untersucht und einige Konfliktbereiche identifiziert. Abschließend werden die aktuellen Trends und Zukunftsperspektiven im Sektor beschrieben.

MYTHOS NPO: MOTIVATION, PROFESSIONALITÄT UND MANAGEMENT

Das Bild von Nonprofit-Organisationen hat sich in den letzten zwei Dekaden deutlich verändert. „Der Mythos von basisdemokratischen, nur edlen Zielen verpflichteten Organisationen ist korrekturbedürftig" [60]. Professionalisierung und betriebswirtschaftliches Denken haben im Sektor Einzug gehalten, NPOs sehen sich in zunehmendem Maße mit höheren Ansprüchen staatlicher Geldgeber sowie mit steigender Konkurrenz um Spendengelder konfrontiert. Zudem hat sich der Staat aus vielen Aufgabenbereichen zurückgezogen, die nun von privaten Organisationen übernommen werden. Damit gewinnen auch neue Tätigkeitsfelder, wie Fundraising, und alternative Finanzierungsquellen, wie z. B. Unternehmenskooperationen, an Bedeutung. Wie NPO-Mitarbeiter die Arbeit in der eigenen Organisation sehen, wird in den folgenden Kapiteln betrachtet.

60
Nuscheler (2005), S. 562.

NPOS ALS ARBEITGEBER FÜR IDEALISTEN UND WELTVERBESSERER?

„Ich möchte schon dazu beitragen, dass sich die Welt ein kleines bisschen verändert", meint Edith Heller von den Roten Nasen. Die Arbeit in Nonprofit-Organisationen ist mehr als ein Job – sie verlangt **Einsatz** und **Idealismus** sowie eine hohe **Identifikation** mit den Werten und Zielen der Organisation. „Wir wollen keine Jobs anbieten, wir wollen Menschen, die Engagement mitbringen", formuliert Sonja Richter von Greenpeace CEE treffend. Als Hauptmotivation für ein Engagement in einer NPO wird generell der sinnvolle Beitrag der Arbeit zu gesellschaftlichen Anliegen gesehen [61]. Die Identifikation mit der Mission ist zwingende Voraussetzung für die Zufriedenheit der Mitarbeiter, denn, wenn sich deren Wertehaltungen und Grundsätze im Leitbild der Organisation widerspiegeln, erläutert Frantz (2005), können diese ihre Integrität und Authentizität wahren und „im Rahmen ihrer eigenen Wertehaltungen, Meinungen und Überzeugungen [...] agieren" [62]. Authentizität bedeutet nicht nur die „Vereinbarkeit von persönlichen Werten und organisationsspezifischen Grundsätzen", sondern „drückt sich auch manchmal in Äußerlichkeiten" [63], wie etwa der Kleiderordnung, aus. Sabine Zhang von SOS Mitmensch ist Quereinsteigerin aus der Privatwirtschaft und meint dazu:

> „Es gibt keine formalen Kriterien – Wie muss ich angezogen sein? Wann muss ich da sein, wie muss ich Dinge formulieren [...]? –, sondern es gibt Ziele, die wir als Organisation erreichen wollen und uns verbindet, dass wir gemeinsam an einem Ziel arbeiten und nicht, dass wir irgendwie gleichgeschaltet sind – zur gleichen Uhrzeit Kaffee trinken, den gleichen Anzug tragen [...]."

Die hohe Identifikation mit den Organisationszielen und die daraus resultierende „Kongruenz zwischen Berufsperson

61 Anastasiadis et al. (2003), S. 236.

62 Frantz (2005), S. 81.

63 Frantz (2005), S. 81.

und Privatperson" bewirkt allerdings auch, dass eine Trennung von Privatem und Beruflichem kaum möglich ist 64 und „aus einer eigentlich rechtlichen Beziehung eine emotionale erwächst" 65. Das Angestelltenverhältnis wird zur Beziehung 66 und der Beruf kann mitunter eine Familie ersetzen. Dies gilt insbesondere für Mitarbeiter im Auslandseinsatz, wie Erika Hintermayr mit ihrer Aussage über das Einsatzteam des Österreichischen Roten Kreuzes bekräftigt: „Die meisten Delegierten [im Auslandseinsatz] haben keine Familie, sondern leben für ihren Beruf". Der Pfad zwischen Identifikation mit dem Beruf und der Vereinnahmung durch mangelnde Distanz wird zur Gratwanderung und die Gefahr der Selbstausbeutung ist groß. Mitarbeiter nehmen bewusst Gehaltseinbußen in Kauf 67 und verzichten auf arbeitsrechtlich geregelte Grundsätze und selbstverständliche Standards, wie die Entlohnung von Überstunden, zugunsten der Erhaltung der innerbetrieblichen Solidarität 68.

Die **Bezahlung** liegt in allen befragten Organisationen deutlich unter jener in der Privatwirtschaft, die Gehälter sind um ein Drittel (bzw. bei Führungspositionen bis zu 50 %) niedriger als im Ersten Sektor. Dafür sei das Gehaltsschema sozial verträglich und die Lohnspreizung zwischen den Hierarchieebenen sehr gering, betonen zwei Interviewpartner (Interviews 4, 11). Neumann (2004) konstatiert insbesondere auf der Führungskräfteebene ein vergleichsweise niedriges Gehaltsniveau und führt dies auf die humanitäre Ausrichtung von NPOs zurück: Hohe Gehälter führen zur Kollision mit dem Organisationsverständnis, weil dadurch (Spenden-)Gelder nicht dem eigentlichen Zweck zugeführt werden 69. In zwei international tätigen Organisationen wurde die auffallende Divergenz zwischen lokalen und internationalen Gehältern festgestellt und teils heftig kritisiert (Interviews 1, 2). Wenn die Gehälter der internationalen Geschäftsführer jenen von Konzernmanagern ent-

64
Frantz (2005), S. 83.

65
Anastasiadis et a. (2003), S. 240.

66
Anastasiadis et a. (2003), S. 240.

67
Frantz (2005), S. 82ff.

68
Anastasiadis et al. (2003), S. 239.

69
Neumann (2004), S. 19.

sprechen, steht nicht nur die Glaubwürdigkeit einer NPO auf dem Spiel, sondern es wird auch der Wettbewerb um den Zuschlag bei öffentlichen Ausschreibungen durch die hohen Personalausgaben für Mitarbeiter der internationalen „Mutterorganisation" erschwert.

Ein Wechsel aus einem Profit- in ein Nonprofit-Unternehmen bedeutet zwar finanziell gesehen einen Rückschritt, das Gehalt ist jedoch für die meisten NPO-Mitarbeiter nicht ausschlaggebend (Interviews 1, 2, 9, 17). Diese Differenz würden Sinn und Erfolgserlebnisse in der Arbeit (Interview 4, 6) und das außergewöhnliche Image der Organisation (Interview 7) ausgleichen.

SELBSTBILD UND FREMDBILD VON NPOS

Laut Anastasiadis et al. sind die „**Erwartungen** der Mitarbeiter hinsichtlich Arbeitsplatzsicherheit, Entlohnung, Qualität des Arbeitsplatzes [...] der organisatorischen Lage angepasst" [70]. Dies bestätigen die befragten Organisationen weitgehend: Die Erwartungen haben sich sehr verändert (Interview 16) und nähern sich immer mehr den tatsächlichen Gegebenheiten an (Interview 4). Früher hätte man, so Maria Rösslhumer vom Verein Autonome Österreichische Frauenhäuser, einen lockeren Umgang in einem Team Gleichgestellter erwartet, wo die Mitarbeiterinnen sich gegenseitig unterstützen und „im Nest Frauenorganisation" Selbstentfaltung ermöglichen. Inzwischen werde schon in den Bewerbungsgesprächen klar vermittelt, dass es sich um einen Betrieb mit rechtlichen Verpflichtungen, klaren Regelungen und Zielvereinbarungen handle, der einen Auftrag zu erfüllen habe. Die meisten neuen Mitarbeiter seien jedoch hinreichend informiert und deren Vorstellungen decken sich weitgehend mit der Wirklichkeit (Interview 10). Hinsichtlich des Arbeitsklimas und der Mitarbeiter dürfe man freilich, so Sonja Richter von Greenpeace und Karin Schweinegger vom WWF, keine zu naiven

70
Anastasiadis et al. (2003), S. 237.

und idealistischen Erwartungen haben. Die Mitarbeiter einer NPO seien „auch nur Menschen" und „es menschelt im Guten wie im Bösen" – zu naive und idealistische Erwartungen werden bald relativiert.

Dass das Bild von NPOs und deren Mitarbeitern in der Öffentlichkeit bisweilen fern jeglicher Realität liegt, zeigen folgende Zitate von Karin Schweinegger (WWF) und Edith Heller (Rote Nasen):

> „Wir sind immer wieder damit konfrontiert, dass die Leute glauben, bei uns fährt niemand mit dem Auto und es herrscht nach wie vor der Glaube, dass wir hier alle unbezahlt arbeiten. – Wenn mich die Leute fragen: ‚Sie arbeiten doch sicher ehrenamtlich und gratis?', dann antworte ich: ‚Ja, ich arbeite tatsächlich ohne Entlohnung, und abends gehe ich putzen, damit ich mein Kind ernähren kann!'"

Einer aktuellen Umfrage unter Studenten und Absolventen zufolge ist der Wissensstand zum Thema „Unterschiede zwischen NPOs und Wirtschaftsunternehmen" ebenso lückenhaft, was sich an der Häufigkeit der Antwort „keine Meinung" bemerkbar macht. Während knapp 80 % der Umfrage-Teilnehmer von Unterschieden im Engagement der Mitarbeiter ausgehen, besteht Uneinigkeit darüber, ob es hinsichtlich der **Professionalität** und Arbeitsweise Unterschiede zwischen NPOs und Wirtschaftsunternehmen gibt **71**.

PROFESSIONELLE ARBEITSWEISE IST GRUNDVORAUSSETZUNG

Innerhalb der befragten NPOs werden kaum mehr Unterschiede in Bezug auf Professionalität gesehen: „Wieso", hinterfragt ein Vertreter eines „sozialen Dienstleisters", „sollte sich das Controlling einer NPO mit einem

71
UNIPORT (2006).

Jahresumsatz von über 70 Mio. Euro von jenem eines Konzerns unterscheiden (Interview 6)?" Über den Unterschied zwischen dem Ersten und dem Dritten Sektor meinen zwei Quereinsteigerinnen aus der Privatwirtschaft bei Greenpeace bzw. beim WWF:

> „Ich habe festgestellt, dass Investment Banker, speziell Händler, und Campaigner eigentlich von der Mentalität her Ähnlichkeiten haben. Die Währung und die Ziele sind andere, aber in Wahrheit sind [...] beide strategische Kämpfer. – Der Unterschied zwischen NGO und Privatwirtschaft ist zumindest beim WWF nicht in der Größe vorhanden."

Idealismus und Professionalität seien kein Widerspruch, bekräftigt eine Interviewpartnerin, es gäbe zahlreiche sehr idealistische und inzwischen hoch professionell arbeitende Strukturen (Interview 12). Professionalität sei Grundvoraussetzung, meint eine andere Interviewte, und es sei klar, dass eine NPO genauso professionell geführt werden müsse, wie jede andere vernünftig geführte Firma (Interview 2). Der NPO Bereich habe sehr an Qualität gewonnen und stehe dem Profitbereich an Professionalität um nichts nach, äußert eine weitere Befragte. Die eigene Organisation sei keine „Charity-Vereinsmeierei" mehr, sondern ein hochprofessioneller Betrieb, der auch internationalen Standards standhalten müsse; die Hauptamtlichen seien Hochprofis, die zufällig in einer NPO arbeiten (Interview 10). Eine NPO-Geschäftsführerin bemerkt, dass ihre Mitarbeiter die Vorteile davon erkennen, unter ihrer Leitung strukturiert zu arbeiten und Projekte genauso professionell abzuwickeln, wie sie dies zuvor in der Unternehmensberatung gemacht haben (Interview 15). Die zunehmende Professionalität in NPOs zeigt sich anhand der Einrichtung neuer Abteilungen, wie etwa einer Projekt-Evaluierungs-Unit (Interview 7), sowie an der Sprache: Die Bezeichnung „Geschäftsführer", die auch entsprechende betriebswirtschaftliche Kenntnisse impliziert, verdrängt zunehmend die Titel „Direktor" und „Generalsekretär" (Interview 20). Interviewpartner sprechen von ihrer Marke, den Märkten, auf denen sie agieren, von der Konkurrenz um Spendengelder, vom Erschließen neuer Geschäftsfelder und Marktsegmente sowie vom Verkauf von Leistungen, die zur Finanzierung der Organisation beitragen (Interview 3).

Wenngleich Gewinn nicht Unternehmensziel ist, prägt wirtschaftliches Denken in den befragten NPOs die Arbeitsweise. Ein Befragter betont, dass auch die **Rentabilität** der Einrichtungen gewährleistet werden müsse und wenn eine Einrichtung sich nicht mehr rechne, müsse sie eben geschlossen werden (Interview 4). Viele Organisationen sind ihren Spendern gegenüber zur **Sparsamkeit** verpflichtet und führen mitunter sogar ihr herausragendes Image auf die hohe Transparenz und Effizienz beim Umgang mit den finanziellen Mitteln zurück (Interview 7). Aktionen, wie etwa die Aussendung eines Spenderbriefes, werden im Hinblick auf ihre Rendite analysiert. Anastasiadis et al. orten hier ein „Spannungsverhältnis zwischen Ökonomie und Mission" [72]. Im Dienste einer Mission werden Ressourcen aufgestellt und gemäß ökonomischer Prinzipien eingesetzt: Mit einem Minimum an Mitteln wird ein festgesetztes Ergebnis erzielt (Minimalprinzip) oder mit den verfügbaren Mitteln wird das bestmögliche Ergebnis erzielt (Maximalprinzip) [73].

Das **Management** sei das gleiche, meint ein Vertreter eines Dachverbandes, es gäbe professionelles wie unprofessionelles Management auf beiden Seiten (Interview 19). In der Tat berichten die meisten Interviewpartner über den Einsatz von Management-Instrumenten, von Projektplänen (Interview 15) und Rentabilitätskennzahlen (Interview 9), über Stellenpläne bis zu Zielvereinbarungssystemen (Interview 1) und leistungsgerechter Bezahlung (Interviews 6, 11).

72
Anastasiadis et al. (2003), S. 237.

73
Anastasiadis et al. (2003), S. 237.

Diese Instrumente müssen allerdings der Organisation dienen, nicht umgekehrt, betont ein Befragter und kritisiert einen Kennzahlenfetischismus, der ungeachtet der Unternehmensziele Entscheidungen determiniert (Interview 4).

Vielfach haben Personalwechsel auf Führungsebene einen „Professionalisierungsschub" verursacht oder der Wunsch, effizienter, straffer und damit professioneller zu werden, hat Anlass dazu gegeben, Führungspositionen mit Quereinsteigern aus der Privatwirtschaft zu besetzen. Diese **Professionalisierung** war häufig mit einer **Umstrukturierung** der Organisation verbunden. Dabei wurde eine klare Trennung zwischen Haupt- und Ehrenamt, also den Aufgaben des ehrenamtlichen Vorstands und jenen der Geschäftsführung vollzogen. Diese Struktur orientiert sich an der Praxis in Kapitalgesellschaften, wo der Aufsichtsrat eine kontrollierende Funktion einnimmt und sich nicht in das operative Tagesgeschäft einmischt. Auch im Hinblick auf Internationalisierungsbestrebungen haben sich einige befragte NPOs den privaten Sektor zum Beispiel genommen: Sie sind bereits in den neuen EU-Staaten aktiv, rekrutieren am südosteuropäischen Arbeitsmarkt (Interview 7) oder haben dort eigene Länderbüros eröffnet (Interviews 13, 18). Der Ressourceneinsatz wird sich dadurch Richtung Osten verschieben, die sinkenden Personalkosten im österreichischen Büro sind natürlich ein angenehmer Nebeneffekt. Andere ziehen erst in Betracht, in den nächsten Jahren von Wien aus Brücken nach Bratislava, Prag und Budapest zu schlagen (Interviews 9, 17), um dort neue Märkte zu erschließen. Das Wachstum der Organisation darf allerdings nicht in den Vordergrund rücken. Ein Interviewpartner spricht in diesem Zusammenhang von einem Balance-Akt zwischen der Verwendung von Geldern für Maßnahmen, die das eigene Wachstum fördern und solchen, die den Nutznießern direkt dienen (Interview 17). Nicht immer bringt Professionalisierung auch Wachstum mit sich. Bei einzelnen NPOs folgte der Professionalisierung eine **Konsolidierungsphase**, die zur Schließung von Büros und zur Reduktion der Mitarbeiterzahl bzw. zu Aufnahmestopps führte (Interviews 9, 11).

MITSPRACHE UND EFFIZIENZ – EIN WIDERSPRUCH?

Laut Frantz (2005) fordern Hauptamtliche eine Struktur, die die Kompetenzen innerhalb der Organisation widerspiegelt und klare Aufgabenbereiche schafft [74] – Dinge, die Anastasiadis et al. in den meist partizipativ geführten NPOs mit flacher Hierarchie vermissen. Die Autoren sprechen vom „Verschwimmen der Zuständigkeiten, [und] der Aufgabenbereiche" [75] und auch Neumann (2004) befürchtet, dass unklare Aufgabenkonstellationen zur Überforderung der Mitarbeiter führen [76].

In der Tat zählen bei den befragten NPOs **flache Hierarchien** und **Mitbestimmung** zu den meistgenannten sektorspezifischen Charakteristika. Die größeren Freiräume und der stärkere Austausch der Mitarbeiter schaffen zwar eine wertvolle Kommunikationskultur, sie verursachen allerdings auch langwierige Entscheidungsprozesse. Insbesondere Vereine sind mit der Herausforderung konfrontiert, bei der Entscheidungsfindung die Interessen vieler unterschiedlicher Stakeholder zu wahren. Schließlich räumt diese Rechtsform auch den Mitgliedern einer Organisation Mitspracherechte ein. Der Vereinscharakter mache die Organisation träge, so die Vertreterin eines „sozialen Dienstleisters", er müsse jedoch beibehalten werden, um den vielen freiwilligen Mitarbeitern die Mitsprache zu ermöglichen (Interview 3). Inhaltliche Auseinandersetzung sei wichtig, betont eine andere Befragte, aber ewige Diskussionen seien nicht mehr möglich, schließlich könne man nicht alles gemeinsam regeln (Interview 16). Partizipation und Mitsprache dürfen nicht organisationeller Selbstzweck sein und sollen vor allem nicht dazu führen, dass die eigent-

74
Frantz (2005), S. 184.

75
Anastasiadis et al. (2003), S. 240.

76
Neumann (2004), S. 17.

liche Arbeit zu kurz kommt. Hierzu meint Georg Gruber von Fairtrade:

> „In dieser Welt [der NPOs], wo persönliches Engagement eine große Rolle spielt, läuft man Gefahr 100 % der Energie in der Selbstverwaltung, -organisation und -rechtfertigung zu verwenden und den eigenen Auftrag, das eigentliche Ziel, zu vergessen."

77 Frantz (2005), S. 186.

Frantz (2005) hinterfragt, ob Partizipation und Effizienz einen Widerspruch bilden, und weist auf die Notwendigkeit klarer Entscheidungs- und Weisungsbefugnisse hin, die ein Übermaß an Mitsprache einschränken und den Mitarbeitern mehr Zeit für die inhaltliche Arbeit einräumen sollen 77. In nur einer befragten Organisation ist die Geschäftsführung „eine fließende Sache": Es gibt keine dafür zuständige Person, die Organisation wird vom ehrenamtlichen Vorstand geleitet und die wenigen Hauptamtlichen verfügen nicht über die nötigen Entscheidungsbefugnisse, da die zahlreichen Freiwilligen basisdemokratisch eingebunden sein sollten. Der Arbeitsstil sei vielfach adhoc, ungeplant und unstrukturiert, so die Vertreterin der „Pressure Group". Da zahlreiche Strukturen erst aufgebaut werden müssen, gäbe es kaum langfristige Planungen und vieles hänge von der handelnden Person ab (Interview 8). Die beschriebene Organisation befindet sich noch im Aufbau und bildet daher eine Ausnahme in der Gruppe der befragten NPOs.

Idealismus und Engagement können immer noch als wesentliche Merkmale der Arbeit in NPOs bezeichnet werden. Allerdings hat die Mehrheit der befragten Organisationen längst Abstand von dem Vorurteil genommen, dass wirtschaftliches Denken die ideellen Ziele der NPO gefährden könnte. Managementmodelle aus der Unternehmenswelt werden zunehmend im NPO-Bereich angewendet – durchaus im Bewusstsein, dass die Konzepte aus dem Profitbereich einer Anpassung bedürfen. Die Interviewpartner begrüßen die größere Freiheit und Eigenverantwortung in NPOs, betonen jedoch gleichzeitig, dass flache Hierarchien und Partizipation dennoch klar abgegrenzte Aufgabenbereiche erfordern. Sie stellen fest, dass die Unterschiede zwischen Unternehmen und NPOs nicht mehr so groß sind. Die schwindenden Berührungsängste haben zu einer Annäherung der Sektoren geführt.

EINSTIEG UND MÖGLICHKEITEN DER MITARBEIT

Der NPO-Arbeitsmarkt erscheint vielen Interessenten wenig transparent: Unklarheit besteht über die konkreten Arbeitsbereiche und gesuchten Anforderungsprofile. Ein unscharfes Bild der Organisationsstruktur ergibt sich auch durch das Nebeneinander von Haupt- und Ehrenamt. Im Vergleich zu anderen Sektoren, werden auf Jobportalen oder in Tageszeitungen kaum Stellen von Nonprofit-Organisationen angeboten und die Einstiegsmöglichkeiten in NPOs sind daher nicht nachvollziehbar. Welche Wege in Nonprofit-Organisationen führen und in welcher (arbeitsrechtlichen) Form die Mitarbeit erfolgen kann, ist Inhalt der nun folgenden Kapitel.

EINSTIEG IN DEN NPO-ARBEITSMARKT

Frantz (2005) beschreibt vier Wege in den NPO-Arbeitsmarkt: Über ein ehrenamtliches Engagement, das in die Hauptamtlichkeit mündet, über Praktika, Arbeitsbeschaffungsmaßnahmen des Arbeitsamtes und über Ausschreibungsverfahren [78]. Auch in den befragten Organisationen wurden sämtliche genannte Einstiegswege vorgefunden: Universitätsabgänger werden kaum über Ausschreibungen gesucht. Absolventen knüpfen meist über Praktika, über

78 Frantz (2005), S. 121.

ehrenamtliche Engagements oder über ein AMS-finanziertes Jungakademiker-Training erste Kontakte zur Organisation bzw. zum Sektor. Darüber hinaus konnten drei weitere **Einstiegsmöglichkeiten** identifiziert werden: Gerne wird die Möglichkeit genützt, in NPOs den Zivildienst abzuleisten oder Diplomarbeiten zu verfassen, um im NPO-Arbeitsmarkt Fuß zu fassen. In einzelnen NPOs (Interview 11, 12) werden auch Lehrlinge ausgebildet. Quereinsteiger werden meist über Ausschreibungen rekrutiert, wobei ehrenamtliches Engagement auch hier eine große Rolle spielen kann (siehe auch Anforderungsprofil „Im Dienst der Sache").

In der Gruppe der „sozialen Dienstleister" ist der Einstieg in den Landesverbänden durch ehrenamtliches Engagement geprägt, im Generalsekretariat, so eine Befragte, sei dies hingegen nicht Voraussetzung. Auch in einigen anderen NPOs gelingt der Einstieg am besten über die Freiwillige Mitarbeit (Interviews 5, 9, 11, 13, 18). Dennoch zeichne sich hier, so eine Vertreterin einer „Pressure Group" ein Generationswechsel ab. Während in den ersten Jahren des Bestehens der Einstieg in die Organisation ausschließlich über freiwillige Mitarbeit möglich war, werden inzwischen auch Positionen an Bewerber ohne jeglichen Bezug zur NPO vergeben. Dies legt die Vermutung nahe, dass der Professionalisierungsprozess dazu geführt hat, dass fachliche Kompetenzen, gegenüber der langjährigen Identifikation mit der Organisation und ihren Zielen, an Bedeutung gewonnen hat.

In nahezu allen NPOs werden Praktika vergeben, die Studenten und Absolventen eine geeignete Gelegenheit bieten, Kompetenz und professionelles Arbeiten unter Beweis zu stellen. Auf diese Weise fanden auch schon einige Praktikanten den Weg in eine feste Anstellung. Schließlich verfügen diese nach einem erfolgreich abgeschlossenen Praktikum bereits über relevante Erfahrungen und ersparen der Organisation eine neuerliche Einführung in Inhalte und Arbeitsabläufe. Auch Zivildienst und AMS-Training gelten in einigen NPOs als geeignet, um den Zugang zum NPO-Arbeitsmarkt zu ermöglichen. Ein Gegenbeispiel dazu bildet die einzige befragte, verwaltungsnahe Organisation: Ein „Reinrutschen" über ein Praktikum wird hier grundsätzlich ausgeschlossen und der Einstieg ist lediglich über Ausschreibungen möglich.

In einer Reihe befragter NPOs können Diplomarbeiten oder Dissertationen zu einem die Organisationen betreffenden Thema verfasst werden (Interviews 3, 7, 11, 12, 16, 17). Grundsätzlich werden keine Themen vergeben sondern Studierende müssen in Rücksprache mit der NPO eigenständig einen Themenvorschlag ausarbeiten. Auch die Zusammenarbeit im Rahmen eines wissenschaftlichen Forschungsprojektes kann unter Umständen den Weg in die Organisation ebnen.

Die Möglichkeiten, in einer NPO mitzuarbeiten sind äußerst vielfältig. In der Folge werden die Formen der Mitarbeit – vom Ehrenamt über das Praktikum bis zu einer Reihe bezahlter Beschäftigungsverhältnisse – näher beleuchtet.

AUF EINEN BLICK
Einstieg in NPOs über

- Ehrenamt
- Praktikum
- Diplomarbeit/Dissertation
- AMS-Arbeitstraining
- Zivildienst
- Lehrlingsstelle
- Stellenausschreibung

EHRENAMT ALS WICHTIGE PERSONALRESSOURCE

Der NPO-Sektor ist von bürgerschaftlichem Engagement geprägt – zahlreiche Organisationen stützen sich auf ehrenamtliche Mitarbeit als **existenzsichernde Ressource**. Obwohl das Ehrenamt eine lange Tradition aufweist, wurde in Österreich dessen große Bedeutung für Wirtschaft und Gesellschaft erst vor wenigen Jahren von Seiten der Politik erkannt. Das internationale Jahr der Freiwilligen 2001 hat Diskussionen um die **Verbesserung der Rahmenbedingungen** für Freiwilligenarbeit ausgelöst und damit Anlass für die Gründung des Österreichischen Rates für Freiwilligenarbeit gegeben. Der Rat, der dem Ministerium für soziale Sicherheit, Generationen und Konsumentenschutz unterstellt ist, erarbeitete in Arbeitskreisen Maßnahmen zur Förderung des ehrenamtlichen Engagements, wie etwa durch Anerkennung der Freiwilligenarbeit und Gewährleistung von Versicherungsschutz für Freiwillige [79]. Aber auch von NPO Seite aus gab es bereits Initiativen zur Förderung zivilgesellschaftlichen Engagements, wie etwa vom Österreichischen Roten Kreuz, das in Zusammenarbeit mit der Industriellenvereinigung in Arbeitsgruppen Vorschläge zur Stärkung des bürgerschaftlichen Engagements ausarbeitete [80].

Das Ehrenamt bietet „**Potential für gesellschaftliche Partizipation**, Mitwirkung und Gestaltungsmöglichkeiten“ [81] und unterstützt den Aufbau sozialer Kompetenzen, wie Teamarbeit, Belastbarkeit und Mitarbeitermotivation [82]. Dennoch muss betont werden, dass die Förderung der Freiwilligenarbeit auch kritisch betrachtet wird: Anastasiadis et al. hinterfragen, ob ehrenamtliches Engagement als kostengünstige Alternative zur staatlichen Leistungserbringung, benutzt wird, um die öffentliche Hand angesichts eingeengter, finanzieller Spielräume zu entlasten.

Ehrenamtliche Mitarbeit spielt je nach Branche und Tätigkeitsbereich eine unterschiedlich große Rolle. Laut

79 Bundesministerium für soziale Sicherheit, Generationen und Konsumentenschutz, www.freiwilligenweb.at (10.8.2006).

80 ÖRK (2006) „Das W!R-Gefühl - Aufgaben für die Gesellschaft von morgen“, www.zivil.at (10.8.2006).

81 Anastasiadis et al. (2003), S. 221.

82 Bundesministerium für soziale Sicherheit, Generationen und Konsumentenschutz, www.freiwilligenweb.at (10.8.2006).

Badelt (2002) waren im Jahr 2000 insgesamt gut die Hälfte der österreichischen Bevölkerung ab 15 Jahren ehrenamtlich tätig und haben damit eine wöchentliche Arbeitsleistung von 16,7 Mio. Arbeitsstunden erbracht 83. Anastasiadis et al. zufolge sind im Dritten Sektor in Wien mehr als zwei Drittel aller Beschäftigten ehrenamtlich tätig. Die Autoren identifizieren einen Zusammenhang zwischen der Anzahl der Ehrenamtlichen einer Organisation und ihrem Budget. Demnach beschäftigen Organisationen, die über ein geringeres Budget verfügen, die meisten Ehrenamtlichen 84. Diese Korrelation konnte im Hinblick auf die untersuchten NPOs jedoch nicht bestätigt werden, da die Organisationen, welche die meisten Ehrenamtlichen beschäftigen, auch über die größten Budgets verfügen: „Soziale Dienstleister", die u. a. in den ehrenamtintensiven

83
Badelt (2002), S. 77.

84
Anastasiadis et al. (2003), S. 221ff.

AUF EINEN BLICK
Ehrenamt

- Über 50 % der österreichischen Bevölkerung ehrenamtlich tätig
- Über 2/3 der Beschäftigten im NPO-Sektor in Wien ehrenamtlich
- Meist unter 25-Jährige und „junge Alte"
- Soziale Dienste und Gesundheit sehr ehrenamtintensiv
- Motive: ideelle Aspekte, Spaß, Gemeinschaft, Anrechenbarkeit
- Staatliche Förderung des ehrenamtlichen Engagements durch Anrechenbarkeit
- Förderung von NPO-Seite durch Angebote, wie Weiterbildung, Versicherungsschutz etc.
- Wesentliche Personalressource für NPOs trotz erhöhten Betreuungsbedarfs

Bereichen der Katastropheneinsätze und der Rettungsdienste aktiv sind, stellen mit zwischen 18.000 und 50.000 freiwilligen Mitarbeitern (und damit drei bis zehn mal so vielen Ehrenamtlichen wie Hauptamtlichen) die ehrenamtintensivste Gruppe dar. Die übrigen NPOs sind, bezogen auf die Anzahl der ehrenamtlich tätigen Mitarbeiter sowie in Relation zwischen Ehrenamtlichen und Hauptamtlichen, äußerst heterogen.

Anastasiadis et al. konnten auch **geschlechterspezifische Unterschiede** der Ehrenamtlichkeit feststellen: Laut ihrer Untersuchung sind zwei Drittel aller im Dritten Sektor beschäftigten Frauen ehrenamtlich tätig und vornehmlich in den Branchen Umwelt, Tierschutz und Gesundheit anzutreffen. Männer sind hingegen zu 76 % ehrenamtlich engagiert – hauptsächlich in solchen Bereichen, wo eine enge Verbindung zur Berufstätigkeit besteht (Wirtschafts- und Berufsverbände, Gewerkschaften, nichtberufliche Interessensvertretung und Politik). „Männer sind – [...] gemessen an der Gesamtzahl der (un-)entgeltlich Beschäftigten – noch deutlich stärker ehrenamtlich tätig als Frauen. Dies mag vor dem Hintergrund der weit verbreiteten Ansicht, dass Ehrenamt vor allem ein Amt der Frauen ist, überraschen". Zu betonen ist allerdings, dass diese Zahlen nichts über das zeitliche Ausmaß des Engagements aussagen.

Zeitlich intensiveres Engagement ist jedenfalls nur dann möglich, wenn eine finanzielle und soziale Absicherung durch die Familie bzw. den Ehemann oder ein Transfereinkommen gewährleistet ist. Laut Anastasiadis et al. sind Ehrenamtliche zumeist unter 25-Jährige oder „junge Alte", die sich durch die gestiegene Lebenserwartung einerseits und das gesunkene Pensionsantrittsalter anderseits in einem größeren Ausmaß im Alter engagieren können. Als Motive für ehrenamtliches Engagement werden ideelle Aspekte und zunehmend auch die Anrechenbarkeit der Tätigkeit für eine Ausbildung, der Erwerb berufsrelevanter Erfahrungen, gesellige Kontakte, der Spaßfaktor, Freude an der Tätigkeit und die Zugehörigkeit zu einer Gruppe genannt [85].

Sämtliche Interviewpartner geben an, mit Ehrenamtlichen zu arbeiten, die für die unterschiedlichsten Tätigkeitsbereiche – von EDV und Rettungsfahrten über Veranstaltungen bis zur Rechnungsprüfung – eingesetzt werden und das gesamte Altersspektrum vom Jugendlichen bis zum Senior abdecken. Während einige Befragte die Bedeutung der Freiwilligen als wesentliche Personalressource für den Betrieb hervorheben, wird auch der Koordinationsaufwand und der erhöhte Betreuungsbedarf der Ehrenamtlichen wiederholt thematisiert.

85
Anastasiadis et al. (2003), S. 225ff.

HEISS BEGEHRTES PRAKTIKUM

Der überwiegende Anteil der Befragten betont die **große Nachfrage** nach Praktikumsplätzen, die allerdings aufgrund der beschränkten Kapazitäten nicht befriedigt werden kann. Denn Praktikanten, und hier sind sich die Interviewten einig, brauchen Einschulungen und Betreuungen, wenn beide Seiten von dem Arbeitseinsatz profitieren sollen. Einigkeit besteht auch im Hinblick auf eine geforderte **Mindestdauer** der Praktika. Demnach wird kurzweilige Mitarbeit während der Sommermonate oftmals eher als Belastung empfunden, da die Praktikanten – kaum angelernt – die Organisation wieder verlassen. Die geforderte Mindestdauer reicht von drei bis zu sechs Monaten, was bei Vollzeit-Praktika für Studenten – also die Mehrheit der Praktikanten – ein Semester aussetzen bedeutet. Als hinderlich für die Aufnahme von Praktikanten wird mitunter auch ein Mangel an Infrastruktur oder der fehlende institutionelle Rahmen empfunden. Dennoch stellen für einige Organisationen Studenten, die Arbeitserfahrungen in NPOs sammeln wollen, einen **wichtigen Anteil der personellen Ressourcen** dar. Diese werden üblicherweise mit eigenen

Projekten betraut und in den verschiedensten Bereichen – von Öffentlichkeitsarbeit über Fundraising bis zum Eventmanagement – eingesetzt.

Praktika werden nur selten ausgeschrieben, da dank zahlreicher Blindbewerbungen bei Bedarf meist eine große Anzahl an Interessenten in der Warteschlage bereit steht. Gelegentliche **Ausschreibungen** werden vorgenommen, wenn für bestimmte Projekte Unterstützung benötigt wird. Die **Anzahl der Praktikanten** pro Organisation variiert stark, steht jedoch in keinem Zusammenhang mit der Anzahl der fest angestellten Mitarbeiter: Während einige Organisationen über das Jahr verteilt eine größere Anzahl von bis zu sechs Praktikanten aufnehmen, betont eine andere, nur einen Praktikanten einzustellen, der mit einem sinnvollen Projekt betreut und adäquat begleitet werden kann.

Die meisten Praktika werden **nicht entgolten**, vereinzelt werden Leistungen in Form einer Versicherung (Interview 5) oder einer Netzkarte für die öffentlichen Verkehrsmittel (Interview 2) angeboten. In nur zwei Organisationen werden Praktikanten grundsätzlich geringfügig entlohnt, einerseits aus Gründen der Fairness (Interview 20), anderseits um die Motivation, zeitliche Verfügbarkeit und die entsprechende Leistung zu sichern (Interview 17). Die Erwartungen, die an bezahlte Praktikanten gestellt werden, sind dementsprechend höher, denn hier werden hohe fachliche Kompetenz und Engagement sowie professionelle Arbeit und die Übernahme von Verantwortung gefordert. Eine andere Interviewpartnerin gibt an, dass Praktika erst ab einer gewissen Praktikumsdauer geringfügig bezahlt werden, denn erst dann könne auch ein Nutzen für die Organisation gewährleistet werden. Aber auch Praktikanten profitieren von einem mehrmonatigen Praktikum, das mehr Möglichkeiten für selbstständiges Arbeiten und eigene Projekte bietet.

Die Mitarbeit in Projekten für Organisationen der Entwicklungszusammenarbeit ist bei den befragten NPOs bis-

AUF EINEN BLICK
Praktikum

- kaum ausgeschrieben – initiativ bewerben!
- mindestens 3–6 Monate
- meist unbezahlt
- vereinzelt geringfügige Bezahlung oder Leistungen, wie Sozialversicherung, Kurse, etc.
- eigenständiges Arbeit und gute Begleitung für Ausbildungsaspekt wichtig
- Einsatz in sämtlichen Bereichen, von PR über Fundraising bis Eventmanagement

her nur fallweise möglich, allerdings wird dieses Angebot in zwei der befragten Organisationen aufgrund der starken Nachfrage derzeit (Interview 12) bzw. mittel- bis langfristig (Interview 10) (wieder) eingeführt. Dennoch muss hervorgehoben werden, dass diese Praktika ebenfalls unentgeltlich sind und sämtliche Kosten – von der Anreise in das Projektland bis zur Unterkunft – von den Praktikanten selbst getragen werden müssen; die Leistung der derzeit entsendenden Organisation besteht in der verpflichteten Vorbereitung der Praktikanten in Form von Kursen, für deren Absolvierung auch Zertifikate ausgestellt werden können.

BEZAHLTE BESCHÄFTIGUNG IST EINE FRAGE DER LEISTBARKEIT

Trotz der hohen ehrenamtlichen Beschäftigung spricht Sauer (2000) von einer **Verberuflichung im NPO Sektor**. Einer Untersuchung des deutschen NPO Sektors zufolge arbeiten 67 % der befragten Organisationen mit hauptamtlichem Personal. Dies entspricht in etwa den Werten einer

Untersuchung des Dritten Sektors in Wien. Anastasiadis et al., die Autoren der genannten Studie, schätzen, dass 6,5 % der unselbstständig Erwerbstätigen in Wien im Dritten Sektor tätig sind 86.

Weitere Erkenntnisse wurden hinsichtlich **Alterstruktur, Qualifikationsniveau und geschlechterspezifischer Unterschiede** gewonnen. Demnach ist der Großteil der bezahlten Mitarbeiter zwischen 25 und 45 Jahren alt – jüngere Mitarbeiter sind unterrepräsentiert 87 – und verfügen mit einer **Akademikerquote** von 49 % bei den männlichen und 39 % bei den weiblichen Mitarbeitern über ein Qualifikationsniveau, das deutlich über dem Gesamtdurchschnitt der Beschäftigten mit einer Akademikerquote von 17,4 % im Jahr 2002 liegt. Der Anteil der Beschäftigten, die ausschließlich über einen Pflichtschulabschluss verfügen, ist vergleichsweise gering 88.

Mit einem **Frauenanteil** von knapp 70 % ist der Dritte Sektor ein ausgesprochener Frauensektor. Obwohl in den Führungspositionen Männer dominieren, liegt der Anteil der Frauen in Führungspositionen im Dritten Sektor deutlich über dem Vergleichswert in der Gesamtwirtschaft 89. Führungsaufgaben werden am häufigsten von Ehrenamtlichen wahrgenommen, schließlich wird die Vorstandstätigkeit in den meisten NPOs unentgeltlich ausgeübt. Während Frauen vornehmlich in der Administration (51 %), der Betreuung und der Organisation (je 20 %) tätig sind, widmen sich Männer an erster Stelle Führungsaufgaben (27 %). Auf Platz zwei und drei rangieren bei den Männern fachspezifische Aufgaben und Administration 90

Sauer verweist auf das für den Sektor charakteristische breite Spektrum von **Beschäftigungsformen**, das von Vollzeit und Teilzeit über geringfügige Beschäftigung und Arbeitsbeschaffungsmaßnahmen bis hin zu stundenweisen Honorartätigkeiten reicht 91

86 Anastasiadis et al. (2003), S. 196–199.

87 Anastasiadis et al. (2003), S. 234.

88 Anastasiadis et al. (2003), S. 235.

89 Anastasiadis et al. (2003), S. 201.

90 Anastasiadis et al. (2003), S. 236.

91 Sauer (2000), S. 17f.

> „Vollzeitige, abhängige und unbefristete Arbeitsverhältnisse mit geregelter Arbeitszeit, geregeltem Einkommen und Bestandschutzgarantien sowie einer damit verbundenen (über-)betrieblichen Interessensvertretung sind zwar nach wie vor die dominierende Beschäftigungsform, haben jedoch in den letzten Jahren zugunsten von Arbeitsverhältnissen, die mehr oder weniger von den eben genannten Merkmalen abweichen, an Bedeutung verloren“ [92].

Angesichts der zunehmenden Bandbreite von Arbeitsverhältnissen spricht Sauer vom „**Wegfall des Normalarbeitsverhältnisses**“ [93], das laut Rückert-Johns durch Dauer, Kontinuität und Qualifikation charakterisiert ist. Zudem wurde das klassische Drei-Phasen-Modell der Erwerbsbiographie – Ausbildung, Erwerbsarbeit, Ruhestand – durch die „perforierte Berufskarriere“, die durch mehrfache Wechsel zwischen Berufstätigkeit und Phasen der Erwerbslosigkeit gekennzeichnet ist, ersetzt. Mit zunehmender Rationalisierung, Flexibilisierung und staatlicher Deregulierung vermehren sich, so die Autorin, seit Ende der 1970er-Jahre die Jobs, während die rechtlich und sozial abgesicherte Vollzeitbeschäftigung abnimmt [94]. Insbesondere in den letzten 20 Jahren haben, so Anastasiadis et al., die sogenannten „atypischen Beschäftigungsformen“ an Bedeutung gewonnen [95]. Die Autoren beleuchten außerdem auch seltener beschriebene Arbeitsverhältnisse, wie Transitarbeitskräfte, geschützte Arbeitsplätze, Ausbildungsstellen und den Zivildienst.

Transitkräfte sind Personen auf Arbeitssuche, die mit Unterstützung des Arbeitsmarktservice befristet in Unternehmen beschäftigt werden, um ihnen den (Wieder-) Einstieg in das Berufsleben zu erleichtern [96]. Mehrere Befragte erwähnten das AMS-finanzierte Arbeitstraining, das sich an Absolventen schulischer oder akademischer Ausbildun-

92 Anastasiadis et al. (2003), S. 209.

93 Sauer (2000), S. 16.

94 Rückert-Johns (2000), S. 32f.

95 Anastasiadis et al. (2003), S. 209.

96 Anastasiadis et al. (2003), S. 204.

97
Anastasiadis et al. (2003), S. 204ff.

gen ohne einschlägige Berufserfahrung richtet, auch als effektive Einstiegsmöglichkeit in die jeweilige NPO (Interviews 12, 15). Zwei Interviewpartner geben an, AMS-finanzierte Trainees gegenüber Praktikanten zu bevorzugen (Interview 11), weil diese vom AMS zumindest eine geringfügige Bezahlung erhielten, welche den Praktikanten aus finanziellen Gründen hingegen nicht gewährt werden könne. Kritisch wird bisweilen beurteilt, dass AMS-Trainees auf Jobsuche sind und daher noch während des Trainings (und möglicherweise nach einer aufwendigen Einschulungsphase) anderweitig eine Stelle annehmen könnten (Interview 11). Laut Anastasiadis et al. sind etwa 5,5 % der Drittsektorbeschäftigten in Wien auf Transitarbeitsplätze anzutreffen.

Weitere 1,3 % der Beschäftigten im Dritten Sektor arbeiten auf **geschützten Arbeitsplätzen**, d. h. auf Arbeitsplätzen, die für Personen mit einer Behinderung von mindestens 50 % laut Behindertengleichstellunggesetz vorgesehen sind. Pro 25 Mitarbeiter sieht das oben genannte Gesetz die Einstellung eines begünstigten Behinderten oder die Entrichtung einer Ausgleichstaxe vor. Nur eine Befragte gibt an, eine Behinderte eingestellt zu haben. Hintergrund war jedoch, dass Behinderung ein Schwerpunkt der Organisation ist und die Mitarbeiterin folglich eine glaubwürdige Vertreterin der anwaltschaftlichen Aufgaben gewesen sei.

Zwei der insgesamt 20 befragten Organisationen geben an, Lehrlinge auszubilden (Interviews 11, 12). Laut der von Anastasiadis et al. durchgeführten Untersuchung stehen immerhin 3 % aller Beschäftigten in einem **Ausbildungsverhältnis** 97. Der Anteil der **Zivildiener** wurde in dieser Untersuchung jedoch nicht erhoben – schließlich handelt es sich nicht um Beschäftigte im üblichen Sinn, sondern sie erfüllen eine gesetzliche Verpflichtung. Gut ein Drittel der befragten Organisationen arbeitet mit Zivildienern (Interviews 2, 3, 4, 10, 12, 18, 15), zwei Interviewpartner geben an, dass „Zivis" im Anschluss an den Zivildienst übernommen wurden (Interview 15, 18).

Zu den **atypischen Beschäftigungsformen** zählen Anastasiadis et al. Teilzeit, geringfügige Beschäftigung, den freien sowie befristeten Dienstvertrag, Werkvertrag und die überlassene Arbeitskraft. Die Bedeutung dieser atypischen Jobs konnten die Autoren quer durch alle Branchen des Dritten Sektors konstatieren. Insbesondere für Frauen bietet die Flexibilität der neuen Beschäftigungsformen Vorteile: Ihnen ermöglichen flexiblere Arbeitszeiten und -formen, Beruf und Familie miteinander zu vereinbaren und eröffnen einen besseren Zugang zum Arbeitsmarkt. Nicht nur für Frauen, auch für Ältere erleichtern flexiblere Arbeitsformen den allmählichen Übergang in verschiedene Lebensphasen (z. B. Karenz, Pension). Die häufigste Form, die **Teilzeitbeschäftigung**, wurde je nach Branche mit unterschiedlicher Häufigkeit angetroffen: Während in den Bereichen Internationale Aktivitäten und soziale Dienste 19,8 % bzw. 26,7 % der Hauptamtlichen teilzeitbeschäftigt sind, liegt der Anteil in Organisationen des Umwelt- und Tierschutzes bei über 46 % [98].

Teilzeitbeschäftigung ermöglicht vielen Frauen mit Kindern eine schrittweise Rückkehr ins Erwerbsleben. Daher gilt sie auch laut Rückert-Johns, als „typische Frauendomäne" [99]. Dies bestätigen auch die Untersuchungen von Anastasiadis et al.: Rund ein Viertel der Mitarbeiterinnen im Dritten Sektor in Wien arbeiten Teilzeit, was in etwa dem Teilzeit-Anteil aller erwerbstätigen Frauen in Wien entspricht. Der Anteil der teilzeitbeschäftigten Männer liegt im Dritten Sektor hingegen deutlich über jenem der männlichen Gesamterwerbstätigen in Wien [100].

Rückert-Johns kritisiert die Schlechterstellung Teilzeitbeschäftigter hinsichtlich ihrer sozialen Absicherung und ihrer beruflichen Aufstiegschancen und fordert vor dem

98
Anastasiadis et al. (2003), S. 210ff.

99
Rückert-Johns (2000), S. 35.

100
Anastasiadis et al. (2003), S. 211.

Hintergrund der weit reichenden Vorzüge dieser Beschäftigungsform (Potential zur Lösung des Problems der Massenarbeitslosigkeit, Integration von Frauen in den Arbeitsmarkt) eine Gleichstellung der Teilzeit gegenüber der Vollzeit, um deren Attraktivität zu fördern [101].

101 Rückert-Johns (2000), S. 35f.

Geringfügige Beschäftigung liegt vor, wenn das monatliche Einkommen eine gewisse Einkommensgrenze nicht überschreitet. Im Jahr 2006 beträgt dieses Maximaleinkommen 333,16 Euro pro Monat. Den Untersuchungsergebnissen von Anastasiadis et al. zufolge liegt der Anteil der geringfügig beschäftigten Frauen und Männern in den Branchen Gesundheit und Internationale Aktivitäten zwischen 3 und 4 %, in den Bereichen Umwelt und Naturschutz zwischen 5 und 10 %. **Freie Dienstnehmer** werden mit einem Anteil von 86,2 % der weiblichen bzw. 51,7 % der männlichen Beschäftigten sehr häufig im Umwelt- und Naturschutz angetroffen. In den übrigen Bereichen ist diese Beschäftigungsform mit einem minimalen Anteil von rund 1 % bei den internationalen Aktivitäten und maximal 7,9 % bei den sozialen Diensten seltener. Ebenso spielen **Werkverträge, befristete Arbeitsverhältnisse** und **überlassene Arbeitskräfte (Leiharbeitskräfte)** in den für diese Studie relevanten Branchen keine nennenswerte Rolle. Erwähnenswert ist, dass in diesen Branchen kaum anteilsmäßige Unterschiede zwischen männlichen und weiblichen atypischen Beschäftigten vorliegen, lediglich in der Teilzeitbeschäftigung ist der Frauenanteil deutlich höher. Anastasiadis et al., deren Untersuchungen weitere Bereiche des Dritten Sektors beinhalten, konnten hingegen bei einer Reihe atypischer Beschäftigungsformen (geringfügige, befristete, freie Dienstnehmer und Werkverträge) einen deutlich höheren Männeranteil feststellen und damit der allgemeinen Auffassung, atypische Beschäftigung sei ein vorwiegend weibliches Phänomen, Widerspruch leisten.

Anastasiadis et al. erkennen einen Zusammenhang zwischen der Finanzierung einer Organisation und dem Auftreten atypischer Beschäftigung. Nicht die Budgethöhe, sondern die Unsicherheit finanzieller Ressourcen, so die Autoren, ist ausschlaggebend dafür, dass viele Organisationen im Dritten Sektor keine sicheren Anstellungsverhältnisse bieten können 102.

102
Anastasiadis et al. (2003), S. 210ff.

103
Rückert-Johns (2000), S. 50.

AUF EINEN BLICK
Bezahlte Mitarbeit

Breites Spektrum an Beschäftigungsformen
- Vollzeitanstellung
- Befristete Arbeitsverhältnisse
- Teilzeit
- Geringfügige Beschäftigung
- Werkvertrag
- Freie Dienstnehmer
- Transitarbeitskräfte
- Geschützte Arbeitsplätze
- Überlassene Arbeitskraft

Atypische Beschäftigung
- Zunahme prekärer Beschäftigungsverhältnisse
- Häufig in ehreamtintensiven Organisationen
- Bei unsicherer Finanzierung

Rückert-Johns stellt eine Korrelation zwischen dem Anteil Ehrenamtlicher und flexibler Beschäftigungsmodelle im deutschen Nonprofit Sektor fest. Demnach weisen Organisationen mit einer höheren Anzahl an freiwilligen Mitarbeitern auch einen höheren Anteil an geringfügiger und temporärer Beschäftigung sowie Honorartätigkeit auf. 103

Welchen Anteil atypische Beschäftigung in den befragten NPOs in Wien hat und in welchem Zusammenhang diese mit der Finanzierung der Organisation steht, konnte im Rahmen der Interviews nicht untersucht werden. Dennoch wird die Bedeutung von atypischen Beschäftigungsformen deutlich: Knapp ein Drittel der Interviewpartner gibt an, Teilzeitmitarbeiter zu beschäftigen (Interviews 2, 12, 13, 16, 17, 18) und damit insbesondere den Bedürfnissen von Müttern Rechnung zu tragen (Interview 12). Ein Befragter unterstreicht die flexible Gestaltbarkeit von Anstellungsverhältnissen, die in allen Formen und Arten (z. B. Telearbeit) denkbar ist (Interview 17).

Zusammenfassend ist zu betonen, dass bezahlte Beschäftigung im Nonprofit-Sektor auch eine Frage der Leistbarkeit ist, was die Zunahme von flexiblen und kostengünstigen atypischen Beschäftigungsverhältnissen erklärt. Flexibilität und Einsparungspotentiale werden jedoch auf Kosten verminderter sozialer Sicherheit erreicht; auf diese und weitere Problemfelder, wie sie etwa durch das Nebeneinander von Ehrenamt und Hauptamt entstehen, wird im Kapitel Sektorale Trends und Herausforderungen näher eingegangen.

PERSONALMANAGEMENT UND RECRUITING

Aufgabe des Personalmanagements ist, „die Verfügbarkeit von Personal zu sichern und für die Arbeitsleistung der Beschäftigten einer Organisation auf einem erwünschten Qualitätsniveau zu angemessenen Kosten zu sorgen [104]. Dies gilt für gewinnorientierte Unternehmen ebenso wie für Nonprofit-Organisationen. Dennoch hebt von Eckardstein (2002) einige **Besonderheiten von NPOs** hervor, die es bei der Gestaltung des Personalmanagements zu berücksichtigen gilt:

104 Von Eckardstein (2002), S. 309.

Nicht die Erwirtschaftung von Gewinnen, sondern die Umsetzung einer Mission steht für die Organisation und ihre Mitarbeiter im Vordergrund. Die Mitarbeiter identifizieren sich mit den Zielen der Organisation und sind daher intrinsisch – durch die Aufgabe selbst – motiviert. Folglich sind bei NPO-Mitarbeitern, insbesondere bei Ehrenamtlichen, andere **Anreize und Beeinflussungsstrategien** angebracht als in Wirtschaftsunternehmen. Um den **unterschiedlichen Motivationsstrukturen** Rechnung zu tragen, müssen auch immaterielle Entlohnungssysteme geschaffen werden. Die **Diversität der Personalstruktur** und die optimale Kombination aus Hauptamtlichen, Ehrenamtlichen und Zivildienern wird zur besonderen Herausforderung des Personalmanagements in NPOs.

Zudem sind NPOs meist in Geschäftsfeldern tätig, die „nicht marktmäßig organisiert sind". Daher existieren keine festen Erwartungen in Bezug auf Qualität, Quantität und Kosten der Leistungen. Entsprechende **Standards** müssen erst definiert werden [105], um eine Referenzgröße zur **Bewertung der Ergebnisse** zu liefern. Darüber hinaus sind die Ziele oft immateriell und nur schwer durch objektive Kriterien messbar. Die Dienstleistungsqualität ist damit eine subjektiv empfundene. Die Qualität der Altenbetreuung wird beispielsweise vom Einfühlungsvermögen des Betreuers ebenso mit beeinflusst, wie von der Integrationsfähigkeit und der Akzeptanz des Betreuten [106]. Die folgende Abbildung stellt die Prozesskette des Personalmanagements dar (siehe Abbildung 5).

Aufgaben des Personalmanagements sind die Personalplanung, die Personalbeschaffung und -auswahl, die Integration und der Einsatz des Personals (inklusive der Entgelt- und Anreizgestaltung), die Personalentwicklung und -beurteilung sowie die Personalfreisetzung. Durch die Wertsteigerung und -erhaltung der „Ressource Mitarbei-

105 Von Eckardstein (2002), S. 310ff.

106 Schober/Schober (2004), S. 277f.

107
Von Eckardstein (2002), S. 312f.

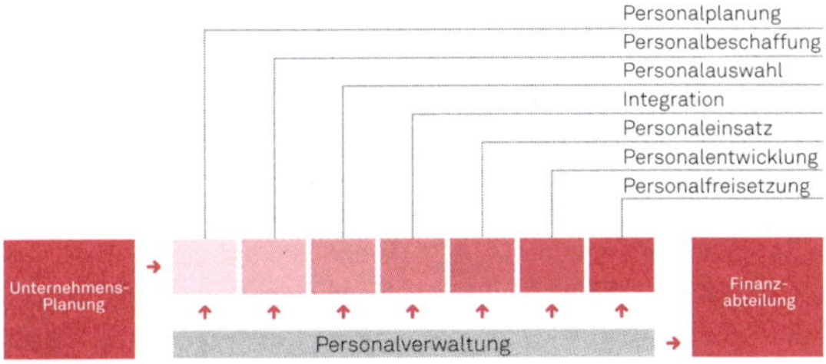

Abbildung 5: Personalmanagementprozesskette, eigene Darstellung in Anlehnung an Wiesinger (2003).

ter" soll das Personalmanagement zur Steigerung des Wertes der Gesamtorganisation beitragen.

Von Eckardstein unterstreicht, dass Personalmanagement grundsätzlich eine **Aufgabe der Organisationsleitung** ist. Schließlich ist der Charakter des Personals als strategischer Erfolgsfaktor längst unumstritten. In kleineren Organisationen übernimmt die Geschäftsführung sämtliche Personalagenden, in größeren werden meist nur Grundsätze bestimmt und Schlüsselpositionen besetzt. Fragen der Personalauswahl und -entwicklung werden dort an die Führungskräfte des jeweiligen Bereichs delegiert, administrative Detailaufgaben wie die Gehaltsabrechnung und die Führung der Personalakten werden an die Personalverwaltung abgegeben. Diese entwickeln Personalsysteme und -instrumente zur Mitarbeiterbewertung, -vergütung und -auswahl etc., bei deren Anwendung sie die Bereichsverantwortlichen unterstützen 107.

In ihrer Untersuchung von Drittsektor-Organisationen in Wien konstatieren Anastasiadis et al. (2003) einen Zusammenhang zwischen der Mitarbeiteranzahl und dem **Vorhandensein eines offiziellen Personalmanagement-**

beauftragten. Während in nur knapp 10 % der Organisationen ohne bezahlte Mitarbeiter ein Personalverantwortlicher existiert, engagieren bereits mehr als die Hälfte der Einrichtungen mit über 20 bezahlten Mitarbeitern „Personaler“. Der Einsatz von Personalmanagementinstrumenten bedarf nicht unbedingt eines Personalexperten.

In deutlich mehr Organisationen (über 80 % bei mehr als 20 Mitarbeitern) werden Instrumente wie Weiterbildungspläne, Anforderungsprofile und Stellenbeschreibungen eingesetzt. Das Mitarbeitergespräch, das in 88 % der Organisationen durchgeführt wird, ist das am häufigsten vorgefundene Personalmanagementinstrument. Das formale Vorhandensein eines Instrumentes bedeutet jedoch nicht unbedingt, dass dessen Implementierung und Anwendung tatsächlich systematisch und im Sinne eines strategischen Instrumentes erfolgt. Vor allem in **kleineren Organisationen**, betonen die Autoren, sind die Vorgangsweisen **wenig formalisiert und strukturiert** und die Anwendung der PM-Systeme ist kaum systematisch.

Dieser Zusammenhang trifft auch auf die für die vorliegende Studie befragten NPOs zu: Ein Viertel der befragten Organisationen verfügt über eine eigene Personalabteilung, in einem weiteren Viertel sind Personalangelegenheiten einer Verwaltungsabteilung zugeordnet; in der Hälfte der gewählten Organisationen ist die Geschäftsführung für das Personalmanagement verantwortlich. Letzteres gilt vor allem für kleine Organisationen, die bis zu zehn Mitarbeiter beschäftigen.

Die vorliegende Untersuchung ist auf die Personalbeschaffung, -auswahl und -entwicklung fokussiert. Die Ergebnisse der Befragung werden in den folgenden Kapiteln zusammengefasst und um Erkenntnisse aus anderen Untersuchungen erweitert.

PERSONALSUCHE UND -AUSWAHL

Die Rekrutierung neuer Mitarbeiter erfolgt meist in einem **internen Auswahlverfahren**, nur wenige befragte Organisationen beauftragen für die Suche nach Talenten Personalberater (Interviews 6, 11, 18). Externe Berater würden, so einige Interviewpartner, wegen ihres mangelnden Feld-Know-hows (Interview 4) ihren Suchraster nicht an die spezifischen Bedürfnisse des Sektors anpassen und folglich nicht die für NPOs am besten geeigneten Kandidaten herausfiltern (Interview 11). Nicht zuletzt aufgrund des hohen Stellenwerts von Ideologie und Haltung in NPOs, betonen viele Interviewpartner die Notwendigkeit, dass zukünftige Mitarbeiter in das bestehende Team passen müssen (Interviews 2, 10). Darüber hinaus spielen Dauer und Kosten der Rekrutierung eine wichtige Rolle: So werden vereinzelt interne Personalauswahlverfahren nicht nur als die effizientere Variante bevorzugt (Interview 2). Auch die für externe Beratung anfallenden Honorare würden vielfach das verfügbare Budget sprengen (Interviews 12, 13). Am häufigsten engagieren „soziale Dienstleister" Beratungsfirmen zur Besetzung von Führungspositionen (Interviews 3, 6, 11).

Durchgehend wird das **Internet**, insbesondere die eigene Homepage, zur Rekrutierung neuer Mitarbeiter genutzt. Je nach zu besetzender Position und Budget werden zusätzlich auch Inserate in Tageszeitungen, Wochenzeitschriften und spezialisierten Medien geschaltet. Zahlreiche Organisationen nutzen auch ihre Kontakte im (informellen) NPO-Netzwerk, branchenspezifische Jobplattformen [108] sowie eigene oder „brancheninterne" E-Mail-Verteiler [109], um (ehemalige) Praktikanten und Ehrenamtliche über offene Stellen zu informieren und der Mobilität im Sektor Rechnung zu tragen (Interviews 9, 11, 12, 15, 16, 17). Auch Neumann (2004) konstatiert die vorherrschende Innenorientierung bei der Personalbeschaf-

108
Z. B. www.oneworld.at, www.idealist.com, www.reliefweb.com.

109
Z. B. world of NGOs, www.ngo.at, Arbeitsgemeinschaft Entwicklungszusammenarbeit, www.agez.at.

AUF EINEN BLICK
Recruiting

Informelle Wege
- Persönliche Kontakte
- Informelles NPO-Netzwerk

Ausschreibung
- Eigene Homepage
- brancheninterne E-Mail-Verteiler und Websites
- Aushang auf Uni-Instituten
- Tageszeitungen

Initiativbewerbung
- Große Anzahl an Blindbewerbungen
- Gute Chancen, da Stellen vielfach nicht ausgeschrieben

Auswahlverfahren
- Einzelgespräche am häufigsten
- Round table, Case Study, Mini-Assessment-Center etc.

fung, die durch **informelle Rekrutierungswege,** wie etwa Beziehungen oder Zugehörigkeit zu bestimmten Gruppen oder Vereinigungen, gekennzeichnet ist 110. Branchenunspezifische Jobbörsen im Internet werden nur selten genutzt (Interviews 2, 15, 18), vereinzelt auch direkte Kontakte zu (Universitäts-)Professoren gepflegt und Praktika an den jeweiligen Instituten ausgehängt (Interviews 3, 12, 15).

In einigen NPOs werden Stellen bevorzugt intern besetzt und nur dann ausgeschrieben, wenn der Personalbedarf intern nicht gedeckt werden kann (Interviews 2, 9). Auch

110 Neumann (2004), S. 14.

die Empfehlung von Externen durch die eigenen Mitarbeiter kann eine große Rolle spielen und mitunter sogar ein langwieriges Auswahlverfahren gänzlich ersetzen (Interview 18). Andere Befragte betonen hingegen, dass jedem Interessenten die Möglichkeit zur Bewerbung offen stehen soll und Stellen nicht „im Kämmerchen", intern, an bestehende Mitarbeiter oder deren Bekannte vergeben werden dürfen. Diese Praxis entspreche weder der eigenen Unternehmensethik, noch könne sie den Anspruch, die oder den Besten für die offene Stelle zu finden, erfüllen (Interview 11). Selbst wenn ein bestehender Mitarbeiter bereits in Betracht gezogen wird, werden offene Stellen zumindest auf der eigenen Homepage ausgeschrieben, um einen offenen Wettbewerb zu gewährleisten (Interview 3).

Große Bedeutung kommt im Auswahlverfahren den zahlreichen **Initiativbewerbungen** zu, mit denen die befragten NPOs dank der hohen Attraktivität des Sektors je nach Branche, Bekanntheitsgrad und Image überhäuft werden. Trotz des großen Ansturms werden die Blindbewerbungen meist beantwortet, in Evidenz gehalten und bei Bedarf kontaktiert. Mitunter werden interessante Blindbewerber auch ohne konkreten Bedarf zu einem Gespräch eingeladen (Interview 10) oder dazu aufgerufen, sich für konkrete Stellen zu bewerben (Interview 14). Zahlreiche Stellen werden an Initiativbewerber vergeben, die Chance, auf diesem Wege in einer NPO einzusteigen, sollte daher nicht unterschätzt werden.

Die **Auswahlverfahren** sind sehr unterschiedlich und bei den befragten Organisationen kann kein Zusammenhang zwischen Branche, Organisationsgröße oder Positionierung und der Form bzw. der Formalisierung des Verfahrens festgestellt werden. Am häufigsten werden Einzelgespräche in zwei Runden geführt, meist mit dem Verantwortlichen für Personal oder dem zuständigen Abteilungsleiter und mit dem Geschäftsführer. Vereinzelt werden

Assessment Center für Schlüsselpositionen oder ein Runder Tisch mit mehreren Kandidaten durchgeführt, um das Auftreten und die Soziale- und Problemlösungskompetenz der Bewerber auf den Prüfstand zu stellen (Interviews 3, 5, 9). In zwei Organisationen sind Präsentationen bzw. Case Studies o. Ä. vorzubereiten (Interviews 1, 11).

Während Neumann die Beschaffung von Managern aus der Wirtschaft aufgrund des Gehaltsgefälles als problematisch bezeichnet [111], weisen die Ergebnisse der Befragungen auf das Gegenteil hin: Auch für Geschäftsführungspositionen gibt es eine Vielzahl an Bewerbern, die nach langjähriger Praxis in der Privatwirtschaft eine neue Herausforderung in einer Organisation mit einem als „sinnvoll" empfundenen Unternehmenszweck suchen. Als schwierig wird hingegen in einzelnen NPOs die Besetzung von (Führungs-)Positionen in der Spender- und Mitgliederwerbung oder im Controlling empfunden (Interviews 1, 2).

111
Neumann (2004), S. 15.

ANFORDERUNGSPROFIL „IM DIENST DER SACHE"

> „Man muss fachlich kompetent sein und politisch auch in dieser Richtung aktiv gewesen sein",

so fasst Andrea Schober das Anforderungsprofil für die Mitarbeit bei attac zusammen. Die gesuchten **fachlichen Kompetenzen** sind aufgrund des breiten Spektrums an Organisationen und Tätigkeitsfeldern sehr unterschiedlich und spielen bisweilen eine nur untergeordnete Rolle. So gibt es etwa – laut Petra Kreinecker von Horizont3000 und Heidi Burkhart vom Hilfswerk Austria – „kein einschlägiges Studium für die Entwicklungszusammenarbeit", und auch für Stefan Wallner ist nicht das gewählte Studium ausschlaggebend (Interviews 4, 9): Was zählt, ist weniger das Spezialwissen als **„die Fähigkeit, sich selbst Wissen anzueignen"** – eine Kompetenz, die in erster Linie im Rahmen eines Universitätsstudiums erlangt wird. Wie eingangs erwähnt, verfügen in der Tat überdurchschnittlich viele Mitarbeiter des Sektors über einen akademischen Abschluss. Auch Frantz (2005) bestätigt die akademische Ausbildung als Regelqualifikation in NGOs und identifiziert einen überwiegenden Anteil an „solchen Fachrichtungen, die nicht auf ein klar definiertes Berufsfeld zusteuern", wie etwa Fächer der Geistes- und Sozialwissenschaften **112**. Gesucht werden vielseitige Universalisten, die querdenken (Interview 11) und systematisch arbeiten können (Interview 4). Andererseits benötigen viele Organisationen Experten (Interview 3), die bereits **Berufserfahrung** vorweisen können (Interviews 5, 7, 18), da für viele Organisationen das Anlernen „junger Talente" aus Zeit- und Kostengründen nicht möglich ist (Interview 10).

Frantz (2005) stellt einen Zusammenhang zwischen dem Professionalisierungsgrad einer Organisation und den Möglichkeiten für „training on the job" fest. In einer hochprofessionellen Organisation mit einem ausdifferenzierten Personalspektrum sind demnach einschlägige Berufserfahrung und spezialisiertere Kompetenzen im jeweiligen Fachbereich (z. B. im Marketing, Fundraising, PR-Bereich, Lobbying etc.) Voraussetzung **113**. Die Ergebnisse unserer Befragung bestätigen diesen Zusammenhang jedoch nur teilweise, da auch für viele hochprofessionell arbeitende Organisationen die formale Ausbildung zweitrangig ist. So erläutern zwei Vertreter hochprofessionell arbeitender NPOs, dass (je nach Position und Entwicklungsphase der Organisation) Kandidaten, welchen ein hohes Entwicklungspotential zugesprochen wird (Interviews 9, 10), auch ein **Hineinwachsen in die Tätigkeit** ermöglicht wird (Interviews 9, 17).

Interessant erscheinen auch zwei einzelne Begründungen für die Forderung nach Berufserfahrung: Ein Interviewpartner erklärt, dass Berufserfahrung den Mitarbeitern

112
Frantz (2005), S. 120.

113
Frantz (2005), S. 221.

Vergleichsmöglichkeiten bietet und dadurch ihre Kritikfähigkeit geschärft wird (Interview 11). Ein anderer sieht Berufserfahrung als Voraussetzung, um als Absolvent seine Blauäugigkeit zu verlieren und um ein realistisches Bild des Arbeitsalltags zu erlangen (Interview 5).

Ob Experten oder Universalisten – wirtschaftliches Grundverständnis und Professionalität gehören zu den meistgenannten Anforderungen. Weit wichtiger scheinen noch die geforderten **Soft Skills**, die von Aufgeschlossenheit und Begeisterungsfähigkeit über soziale Intelligenz und Teamfähigkeit bis zu Verhandlungsgeschick reichen. Gesucht werden engagierte und starke Persönlichkeiten (Interview 17), die Interesse für das jeweilige Thema mitbringen (Interviews 2, 13), sich mit den Inhalten und Zielen der Organisation identifizieren und auch deren Werte nach außen vertreten können (Interview 2). Gerade die starke **Identifikation** mit den Organisationszielen erfordert jedoch gleichzeitig **Abgrenzung**, da Überforderung und Burnout [114] häufige Folgen mangelnder Distanz sind. Nicht nur Frantz kommt zu dem Schluss, dass „Sozialromantiker, Aussteiger und Weltverbesserer [...] für die professionelle Arbeit im Berufsalltag [von] NGOs nicht geeignet" [115] sind. Die meisten Interviewpartner stimmen mit Heidi Burkhart vom Hilfswerk Austria überein, dass die „richtige Verbindung zwischen Härte und Humanität" und eine „gesunde Mischung aus Führungskraft und Dienstleistungsorientierung" für die Arbeit in der eigenen Organisation unumgänglich sind, während Leute mit Helfersyndrom langfristig nicht erfolgreich sind (Interviews 2, 9). Trotzdem gelten ein hohes Maß an **Idealismus** (Interviews 1, 10, 12, 18) und der Wille, „ein klein bisschen die Welt zu verändern" gerade angesichts der vergleichsweise geringen Entlohnung und der unstillbaren Bedürfnisse, die es zu befriedigen gilt (vgl. Kapitel Mythos NPO sowie Risiko Selbstausbeutung), als unentbehrlich. Ansonsten, so Frantz, drohe die Gefahr,

114
Besondere Form der berufsbezogenen, chronischen Erschöpfung, die zu verringertem Engagement, verminderten kognitiven und kreativen Fähigkeiten bis zur Depression führen kann (Wikipedia).

115
Frantz (20005), S. 219.

„zynisch zu werden, weil die Arbeit von Rückschritten oder allenfalls kleinschrittigen Erfolgen geprägt ist. Zyniker, die nicht glauben, dass man die Welt verändern kann, scheinen für NGO-Hauptamtlichkeit ebenso wenig geeignet wie Sozialromantiker“ [116]. Stattdessen brauche es „belastbare Menschen mit Haltung“, die gewillt sind, ihre „Persönlichkeit in den Dienst der Sache zu stellen“ (Interview 10).

Auslandsaufenthalte, Sprachkenntnisse und Offenheit gegenüber fremden Kulturen sind nicht nur in Organisationen der Entwicklungszusammenarbeit gefragt, sondern sind in den Bereichen Gesundheit (Interviews 5), Soziales (Interview 3) und Menschenrechte (Interview 11) vorweisbare Zusatzqualifikationen. Ein weiterer Pluspunkt im Lebenslauf ist jegliche Form des **freiwilligen sozialen Engagements** innerhalb wie außerhalb der eigenen Organisation und Branche, das Rückschlüsse über Einstellung und Engagement des Kandidaten zulässt. Bei der Bewerbung auf fixe Stellen kann ehrenamtliche Mitarbeit in der Organisation auch direkte Vorteile mit sich bringen. So berichtet ein Interviewpartner, dass (ehemalige) ehrenamtliche Mitarbeiter bei der Besetzung von Positionen stets in die engere Auswahl genommen werden.

Frantz verweist außerdem auf die dem Sektor eigene Besonderheit des Nebeneinanders von Haupt- und Ehrenamtlichen, das spezifische Schwierigkeiten und Konfliktpotentiale mit sich bringt (vgl. Kapitel Konfliktpotential Haupt- und Ehrenamt). Eigene Erfahrungen als Ehrenamtlicher steigern, folgert Frantz, die Identifikation mit den Ehrenamtlichen und die Kompetenzen im Umgang mit den entsprechenden Schwierigkeiten [117]. Vorweisbare Erfahrungen als Ehrenamtlicher können somit wesentliches Eignungskriterium sein oder dem Bewerber dazu dienen, sich erfolgreich von der Masse an Kandidaten abzuheben. Die Kenntnis von Kultur und Sprache in NPOs (Interview 20)

116 Frantz (2005), S. 219.

117 Frantz (2005), S. 222.

sowie die Affinität zum Sektor (Interview 19) werden als wertvolles „asset" empfunden, um sich in einer NPO bewegen zu können.

AUF EINEN BLICK

Anforderungen

Fachliche Kompetenzen

- Abgeschlossenes Studium, Studienrichtung je nach Position (oft nicht ausschlaggebend)
- Vielseitige Universalisten
- Wirtschaftliches Grundverständnis

Persönliche Voraussetzungen

- Identifikation mit den Organisationszielen
- Fähigkeit, sich selbst Wissen anzueignen
- Eigeninitiative & Engagement
- Kreativität & Eigenständigkeit
- Teamplayer
- Flexibilität & Offenheit
- Abgrenzung statt Aufopferung

Erfahrungen

- NPO-Erfahrung (haupt- oder ehrenamtlich)
- Erfahrung im jeweiligen Fachbereich
- Auslandserfahrung

Reine **Nonprofit-„Binnenkarrieren"** sind allerdings nicht in allen NPOs gefragt: Ein Vertreter einer verwaltungsnahen Organisation betont etwa, dass „NGO-Typen" nicht gefragt seien, da deren Zielsetzungen und Erwartungshaltungen nicht mit der eigenen übereinstimmen und nicht mit den Stakeholdern kompatibel seien (Interview 14). Auch Kenntnisse von Kultur und Sprache der Wirtschaftsunternehmen können förderlich sein, insbesondere wenn die Organisation nahe am Markt agiert. Hier sind – laut Georg Gruber von Fairtrade – Leute gefragt, die „aus der Position einer NGO heraus mit der Welt der Wirtschaft auf gleicher Augenhöhe in Kontakt treten und gemeinsame Programme kreieren und umsetzen können".

Da viele Interviewpartner selbst direkt nach der Ausbildung oder als Quereinsteiger aus der Privatwirtschaft ohne vorherige Erfahrungen im Sektor in die Organisation eintraten, kann haupt- oder ehrenamtliche Erfahrung im NPO-Sektor zusammenfassend nicht unbedingt als Voraussetzung für den Einstieg in einer NPO betrachtet werden. Dennoch ist sie ein wichtiger Aspekt im Qualifikationsprofil.

Schließlich runden Unkompliziertheit und **Flexibilität** (Interview 1) das erwünschte Mitarbeiterprofil ab. Ein Vertreter des Sektors sieht die Fähigkeit, nicht in gewohnten, klassischen Arbeitsmarktstrukturen zu denken, als ein wesentliches Eignungskriterium für die Mitarbeit in einer NPO. In der Tat verlangen prekäre Arbeitsverhältnisse (siehe Kapitel Einstieg und Möglichkeiten der Mitarbeit) den NPO-Mitarbeitern oft ein hohes Maß an Flexibilität und Eigeninitiative ab. Gesucht seien, so der Experte, **Gestalter statt Verwalter**, die keine vorgefertigte Position erwarten, sondern gewillt sind, einen eigenen Bereich/Abteilung aufzubauen und ihre Position – z. B. durch Fundraising oder Kooperationen – selbst (mit-)zufinanzieren.

Während ein Interviewpartner angibt, bei der Auswahl der Kandidaten bewusst keine Kriterien wie Alter, Geschlecht oder Behinderung zu stellen, wird in einigen Organisationen Wert auf die Förderung der Mitarbeiterdiversität in Bezug auf Alter, Geschlecht, Herkunft und Hintergrund gelegt (Interviews 12, 17, 18). Vereinzelt werden sogar Kandidaten aus der eigenen Zielgruppe (z. B. Migranten, Behinderte) bevorzugt (Interviews 9, 15).

ENTWICKLUNGSMÖGLICHKEITEN IM NPO-SEKTOR

GESTALTUNG IM ARBEITSALLTAG

Die Mehrheit der Interviewpartner betont ihre große Arbeitszufriedenheit und begründet diese mit der hohen Selbständigkeit und dem angenehmen Arbeitsklima innerhalb der Organisation. **Freiraum und Gestaltungsmöglichkeiten** kennzeichnen den Arbeitsalltag in einer NPO und tragen zur Vielfältigkeit der Arbeit bei. Flachere Hierarchien und weniger starre Prozesse [118] erlauben den Mitarbeitern, eigene Ideen einzubringen, selbstständig zu arbeiten und Prioritäten zu setzen (Interviews 4, 9, 17). Die Möglichkeit, seinen eigenen Vorstellungen und Neigungen nachzugehen, ist für viele auch ein wesentlicher Anreiz für eine Tätigkeit in einer NPO. Wo die Mitarbeiter sich mit den Zielen und Werten der Organisation identifizieren und ihre eigene Authentizität wahren können, erlauben Gestaltungsspielräume den Mitarbeitern **sich selbst zu verwirklichen** [119].

Größere Gestaltungsmöglichkeiten sind allerdings nicht nur mit Vorteilen verbunden: Prinzipien der Selbstorganisation und Selbstverantwortung lösen Kontrolle ab und stellen große Anforderungen an die Mitarbeiter. Die Übernahme von Verantwortung wird auch als starke Belastung empfunden, so ein Vertreter eines „sozialen Dienstleisters“ (Interview 4). Der qualitative Stress sei höher als der quantitative (Interview 1), meint eine andere Interviewpartnerin, mit der nötigen Energie und Ausdauer könne man allerdings viel bewirken (Interview 3). Verantwortung und Gestaltungsmöglichkeiten können dort, wo Handlungsrahmen und Zuständigkeiten weit gesteckt sind, Mitarbeiter dazu auffordern, ihre Kompetenzen und Qualifikationen selbst durch Ausübung der Tätigkeit zu erweitern und damit indirekt zur Weiterentwicklung des Personals beitragen [120].

118
Frantz (2005), S. 113.

119
Zimmer/Priller (2006), S. 21.

120
Frantz (2005), S. 184.

Auch die **Flexibilität** bei der Ausgestaltung der Arbeitsverhältnisse und Arbeitsformen wird gepriesen (Interview 12, 17). Flexible Arbeitszeiten, geringfügige oder Teilzeitbeschäftigung und Telearbeit ermöglichen einerseits eine bessere Vereinbarkeit von Beruf und Familie, andererseits sind solche Anstellungsverhältnisse meist durch geringere soziale Sicherheit gekennzeichnet (siehe auch Kapitel bezahlte Beschäftigung).

Laut Frantz (2005) wird die **Teamkultur** in NPOs besonders geschätzt. Ein hohes Maß an Kommunikation in formellen wie informellen Strukturen prägt den Arbeitsalltag und fördert den inhaltlichen und sozialen Austausch unter den Mitarbeitern. Darüber hinaus betont die Autorin den Wert einer gelebten **Streitkultur**. Denn die Diversität der Mitarbeiter im Hinblick auf Kompetenzen und Erfahrungen fördert zwar die gegenseitige Bereicherung, sie schafft allerdings auch Konfliktpotentiale. Die Reibungspunkte sind umso zahlreicher je höher der Austauschbedarf zwischen den kollaborierenden Abteilungen und Bereichen ist. Die Auseinandersetzung mit unterschiedlichen Standpunkten und die daraus resultierende permanente Reflexion der Umwelt schult nicht nur Kritikfähigkeit und Toleranz, Hauptamtliche erhoffen sich dadurch auch „produktive Impulse für die Organisationsentwicklung“ [121].Um die Früchte einer etablierten Streitkultur ernten zu können, schließt Frantz, muss auch im Konflikt der respektvolle Umgang mit Kollegen und Vorgesetzen gewahrt werden [122].

Die zahlreichen Möglichkeiten sich im Team auszutauschen, an vielen Dingen teilzuhaben (Interview 2) oder sich in einem demokratischen System einzubringen (Interview 8), verdanken die Mitarbeiter den offenen Strukturen und der flachen Hierarchie in den meisten NPOs. Diese sind jedoch auch mit Nachteilen verbunden.

121 Frantz (2005), S. 189.

122 Frantz (2005), S. 189f.

KARRIERE IN FLACHEN HIERARCHIEN

Auf die Frage nach den **Entwicklungsmöglichkeiten** innerhalb der Organisation weist die Mehrheit der Befragten auf die durch die flachen Hierarchien geringeren Aufstiegschancen hin (Interviews 4, 9, 11). Viele Mitarbeiter würden – am Karriereplafond angelangt – neue Herausforderungen in der Privatwirtschaft suchen, meint ein Vertreter eines „sozialen Dienstleisters“ (Interview 4). Ein Interviewpartner in einer verwaltungsnahen NPO betont, dass die Organisation erfolgreichen Mitarbeitern aufgrund der geringen Aufstiegschancen immerhin als Sprungbrett in internationale Organisationen dienen könne (Interview 14). Berufswege verlaufen in den befragten Organisationen allerdings sehr unterschiedlich.

Innerhalb des NPO-Sektors unterscheidet Frantz (2005) zwischen internen, horizontalen und vertikalen Wechseln. **Interne Wechsel** sind mit einem Auf- oder Abstieg bzw. einer Funktionsveränderung verbunden. Vor allem in größeren Organisationen mit einer ausdifferenzierten Personalstruktur sind interne Aufstiege, wie etwa von einer Referentenposition über die Abteilungsleitung bis hin zu Geschäftsführung, möglich. Auch ohne formalen Positionswechsel kann, bedingt durch das Wachstum der Organisation, eine Ausweitung von Zuständigkeitsbereichen und Kompetenzen, und damit ein faktischer Aufstieg erfolgen. Ein **horizontaler** (NPO-)Wechsel führt meist von einer kleinen in eine größere Organisation. Ist mit dem Organisationswechsel auch ein Funktions- oder Positionswechsel verbunden, so spricht Frantz von einem **vertikalen** Wechsel. Anlass für die Suche nach neuen Herausforderungen in einem veränderten Arbeitsumfeld können die mangelnden Aufstiegschancen in der eigenen NPO geben. Mit einem vertikalen Wechsel umgeht man außerdem Irritationen, die beim internen Wechsel aufgrund „der neuen Rollenbestimmung in der Zusammenarbeit mit früheren

Mitarbeitern und gleichgestellten Kollegen entstehen könnten" [123].

Einige Befragte sprechen von der **Mobilität im NPO-Sektor**, die durch zahlreiche horizontale und vertikale Wechsel gekennzeichnet ist. Informelle Netzwerkkontakte und Ausschreibungen auf brancheninternen Kommunikationsplattformen verstärken den personellen Austausch innerhalb der NPO-Szene. Denn in nur wenigen NPOs, vor allem bei den großen „sozialen Dienstleistern", sind interne Karrieren möglich. Auch innerhalb dieser Gruppe von Organisationen, die sich durch eine föderale Struktur mit einem Generalsekretariat als Zentrale charakterisieren, verlaufen Karrieren unterschiedlich: Während in einer Organisation Leitungskarrieren grundsätzlich intern verlaufen, existiert in einer anderen kein Karrierekontinuum in der Zentrale, wo Führungspositionen generell extern besetzt werden. Bei einem weiteren „sozialen Dienstleister" divergieren Karriereverläufe – je nach dem, ob man sich auf die Landesverbände bezieht, wo Positionen eher intern besetzt werden, oder vom Generalsekretariat spricht, wo häufiger Quereinsteiger rekrutiert werden (Interview 3).

In einigen NPOs, die Teil einer internationalen Organisation sind, ist ein Austausch mit, oder ein Wechsel in die internationale „Mutterorganisation" oder eine ausländische „Schwesternorganisation" möglich. Meist erfordert solch ein Aufstieg ein hohes Maß an Eigeninitiative, da es keine vorgefertigten Karrierepfade gibt (Interviews 1, 11) und nur wenige Organisationen über formale Strukturen verfügen, die einen personellen Austausch mit dem internationalen Netzwerk erlauben (Interview 13). Eine Befragte moniert die Chancenungleichheit beim Sprung in die internationale Zentrale in den Vereinigten Staaten. Dort, kritisiert sie, würden Mitarbeiter aus den USA und UK bevorzugt werden (Interview 2). Trotzdem, betonen einige Interviewpartner, werden Potentiale gefördert und könnten mit Unterstüt-

123
Frantz (2005), S. 129ff.

zung durch die eigene Organisation rechnen (Interviews 1, 2). Schließlich würde der Austausch im internationalen Netzwerk wie eine Schulungsmaßnahme wirken und auch der eigenen Organisation Vorteile bringen (Interviews 1, 13).

AUS- UND WEITERBILDUNGSMASSNAHMEN

Karriereplanung (Interview 7) und die gezielte Förderung von Potentialen durch **Nachwuchsführungsprogramme** (Interview 1, 2) sind in den befragten Organisationen sehr selten. Laut Neumann (2004) führt der mangelnde strategische Aufbau von Führungsnachwuchs zu Brüchen in der Kontinuität der Führung und zur unzureichenden Qualifikation der Entscheidungsträger. Der Autor bemängelt, dass Fort- und Weiterbildungsmaßnahmen zwar (in geringem Ausmaß) existieren, jedoch kaum wahrgenommen werden [124]. Frantz (2005) beobachtet allerdings ein hohes Maß an Eigeninitiative, mit der Hauptamtliche Qualifizierungsmaßnahmen und Fortbildungen absolvieren und ihre Kompetenzen ausweiten [125]. Auch Anastasiadis et al. stellen fest, dass eine Vielzahl von Mitarbeitern in selbstorganisierte und selbstfinanzierte Zusatzausbildungen investiert [126].

Während Lehrgänge zur Förderung des Führungsnachwuchses nur in zwei NPOs angeboten werden, ist die Auswahl an anderen **Fortbildungsangeboten** in den befragten Organisationen bereits weit größer: Knapp ein Drittel der befragten Organisationen verfügt über eigene Akademien (z. B. Amnesty Academy, Akademie für Sozialmanagement), ein weiteres Drittel ermöglicht den Mitarbeitern die Teilnahme an externen wie internen Schulungen. In einigen NPOs der Entwicklungszusammenarbeit sind Vorbereitungskurse verbindliche Voraussetzung für den Einsatz im Feld. Das Kursangebot deckt Themen der Gesundheit, Sicherheit, Entwicklungspolitik und des Managements ab und kann mitunter auch von Praktikanten in Anspruch genommen werden (Interview 12). In den Bereichen Gesundheit und soziale Dienste werden häufig Schulungs-

124 Neumann (2004), S. 16.

125 Frantz (2005), S. 209.

126 Anastasiadis et al. (2003), S. 239.

maßnahmen für Freiwillige angeboten (Interviews 3, 5). In einer Organisation wird der Fortbildungsbedarf des Personals sogar in jährlichen Mitarbeitergesprächen erhoben, mit dem Ziel, einen Weiterbildungsplan entsprechend dem Bildungsbudget festzulegen (Interview 13).

Frantz (2005) ortet einen **Zielkonflikt** zwischen der Investition in Humankapital und dem sparsamen Umgang mit (zweckgewidmeten) Spendengeldern. Der Einsatz finanzieller Ressourcen für Bildungsmaßnahmen reduziert die Mittel, die für den Organisationszweck zur Verfügung stehen und muss schließlich vor der Öffentlichkeit gerechtfertigt werden. Einerseits können beide Seiten von den Bildungsmaßnahmen profitieren: Hauptamtliche erfahren durch die Professionalisierung und Kompetenzerweiterung neue Karriereimpulse und steigern dadurch die Qualität der Arbeit. Andererseits kann das Brachliegen neu angeeigneter Kompetenzen Frustration auslösen und zum Ausscheiden des Mitarbeiters führen. Der Nutzen von Weiterbildungsmaßnahmen für eine NPO sollte folglich durch ein geeignetes Wissensmanagement gewährleistet werden [127].

SUPERVISION UND MITARBEITERBETREUUNG

Laut Evers (2004) ist die besondere Bedeutung, die der „Nutzung und Pflege von sozialem Kapital" zukommt, Kennzeichen von Organisationen des Dritten Sektors. Frantz (2005) betont den Wert **„flankierender Maßnahmen"** für Hauptamtliche, die mangels Abgrenzung zur Selbstausbeutung neigen [128]. Beispiele für solche „Druckausgleichsventile" [129] sind etwa die Supervision von Personen, die in direktem Kontakt mit Patienten bzw. Opfern stehen (Interview 16), sowie die intensive Betreuung von Einsatzkräften in Katastrophengebieten (Interviews 3, 7). Insbesondere die Reintegration nach humanitären Einsätzen bedarf oft der Unterstützung durch psychologisch geschultes Personal.

127 Frantz (2005), S. 209f.

128 Frantz (2005), S. 85.

129 Anastasiadis et al. (2003), S. 241.

„Es gibt ein Netz, das die Mitarbeiter auffängt und das zeichnet die Organisation aus! Das ist unsere Wertschätzung den Mitarbeitern gegenüber", meint Walter Voitl von Ärzte ohne Grenzen, wo die Bindung der ehemaligen Einsatzkräfte an die Organisation gefördert und ihnen die anonyme Inanspruchnahme von psychologischer Betreuung ermöglicht wird.

In einer anderen Organisation wird besonderen Wert auf die **Einführung neuer Mitarbeiter** gelegt: Während einer viermonatigen Einschulungsphase werden neue Mitarbeiter nicht nur auf inhaltlicher, sondern auch auf sozialer und persönlicher Ebene bestmöglichst eingebunden und eingeschult. Zu diesem Zweck wird jedem Neuling ein Mitarbeiter als „Buddy" zugewiesen, der ihn in ihrer Eingewöhnungsphase unterstützt und begleitet (Interview 13).

SEKTORALE TRENDS UND HERAUSFORDERUNGEN

VERÄNDERUNGEN IM SEKTOR

Dem NPO-Sektor wird allgemein ein großes **Beschäftigungspotential** zugesprochen. Im Dritten Sektor, der laut Salomon (2001) zwischen den Jahren 1990 und 1995 vier mal so stark wie die restliche Wirtschaft gewachsen ist [130], wird in der internationalen NPO-Forschung auch in Zukunft ein beträchtliches Beschäftigungswachstum erwartet [131]. Auch im Dritten Sektor in Wien konstatieren Anastasiadis et al. eine positive Beschäftigungsentwicklung. Steigerungen konnten insbesondere markt- und teilweise auch verwaltungsnahe Organisationen verzeichnen, sowie solche mit großen Mitarbeiterzahlen und „Leistungspionieren" (Organisationen, die neuartige Leistungen anbieten, die bisher weder vom Markt noch vom Staat erbracht wurden [132]). Beschäftigungsrückgänge weisen der Kulturbereich und

130
Salomon (2001), S. 48.

131
Anastasiadis et al. (2003), S. 280.

132
Simsa, (2002), S. 139 f.

die basisnahen Organisationen mit geringerer Mitarbeiteranzahl auf. Die Anzahl ehrenamtlicher Mitarbeiter blieb im Verlauf der letzten Jahre weitgehend konstant. Keine Angaben machen die Autoren über die Art der Arbeitsverhältnisses [133] – die Vermutung liegt nahe, dass das Beschäftigungswachstum im Sektor durch die Zunahme atypischer Beschäftigung auf Kosten „normaler" Vollzeitbeschäftigung erreicht wurde [134].

Wesentliche Einflussfaktoren auf die Beschäftigung im Sektor sind die Nachfrageentwicklung bei marktnahen Organisationen und die finanzielle Situation der Organisation, die wiederum von öffentlichen Förderungen, Mitgliederzahlen und Spendenaufkommen sowie von der Unterstützung durch Unternehmen abhängt.

Laut Anastasiadis et al. erwarten Vertreter von Drittsektor-Organisationen für die kommenden Jahre generell ein konstantes Beschäftigungsniveau. Am ehesten werden Zuwächse der atypischen Beschäftigungsverhältnisse in den Bereichen Bildung und Forschung, Gesundheit, soziale Dienste und Internationale Aktivitäten erwartet [135]. Diese Erwartungshaltung bestätigt sich auch weitgehend in den untersuchten Organisationen. Die Mehrheit der Interviewpartner gibt an, wenig zusätzlichen Bedarf in der nahen Zukunft zu haben, Georg Gruber von Fairtrade ortet hingegen Wachstumschancen:

> „Wir sind in extrem expansiven Geschäftsfeldern tätig: Immer mehr Aufgaben, die traditionell staatlichen oder wirtschaftlichen Institutionen zugeordnet wurden, werden zivilgesellschaftlichen Organisationen übertragen, weil diese sich effektiver erweisen bei der Lösung großer, globaler humanitärer und ökologischer Herausforderungen. Damit wachsen die Tätigkeitsbereiche der NPOs sprunghaft an und diese Organisationen und deren MitarbeiterInnen sind dann auch von allen Her-

133 Anastasiadis et al. (2003), S.278–285.

134 Zimmer/Priller (2006), S. 20.

135 Anastasiadis et al. (2003), S. 278–285.

> ausforderungen die diese Ausweitung mit sich bringt, konfrontiert."

Ein anderer Befragter erwartet Wachstum in all jenen Bereichen, wo staatlicher Abbau stattfindet und ortet einen **Widerspruch zwischen Privatisierung und dem Aufbau staatlicher Strukturen**: Während immer mehr Aufgaben über öffentliche Ausschreibungen an Private übertragen werden, wachsen die staatlichen Strukturen, die die private Leistungserbringung kontrollieren. Daher werde es möglicherweise auch eher mehr Arbeitsplätze im diesem staatlichen Bereich geben.

Durch die Einbindung privater Wohlfahrtsverbände in die staatliche Wohlfahrtspolitik, haben sich diese zunehmend von „Wertegemeinschaften zu Dienstleistungsunternehmen gewandelt" [136]. Die **Professionalisierung** des Sektors habe außerdem zu einer **Bürokratisierung** geführt, die laut EZA-Experte Gerald Faschingeder vor allem „potente Verwaltungsorganisationen" schaffe. Mit dem Ziel, die Transparenz in der Auftragsvergabe zu erhöhen, verlange die veränderte Förderpolitik mehr Kontrolle und Reglementierung; die hohen Ansprüche bei Projekteinreichung und -abrechnung und der damit verbundene Verwaltungsaufwand seien für kleinere NPOs kaum zu bewältigen. Faschingeder hinterfragt, ob die Professionalisierung auch eine Steigerung der Effizienz bewirkt:

> „Der kritische Punkt ist für mich, ob inhaltlich arbeitende Leute entlastet werden und dadurch mehr Zeit für die inhaltliche Arbeit haben! Das Problem ist, dass Professionalisierung und diese Auflagen eher zu einem höheren administrativen Aufwand führen [... und] ein viel zu großes Ausmaß an Zeit [...] für Administration [... aufgewendet wird ...]. In diesem Sinn ist Professionalisierung wirklich schädlich."

136
Zimmer/Priller (2006), S. 20.

Die zunehmende Professionalisierung verstärkt außerdem die Nachfrage nach Quereinsteigern aus dem Profit-Bereich. „Leute aus der Wirtschaft sind für uns interessant, weil sie andere Erfahrungen und Sichtweisen einbringen", bekräftigt Erika Tschofönig von Licht für die Welt. Die **personelle Durchlässigkeit** zum Profit-Sektor betrifft Fachkarrieren besonders häufig. Controlling-, Finanzierungs- oder Personalmangementerfahrungen in Unternehmen sind bei NPOs oft hoch im Kurs. Auch Geschäftsführungspositionen der befragten Organisationen wurden zum Teil mit Quereinsteigern besetzt (Interviews 3, 9, 11, 15, 17). Als problematisch werden dabei v. a. die Gehaltseinbußen wahrgenommen.

„Ein Finanzchef mit gewünschter Qualität, Professionalität und Erfahrung ist kaum bezahlbar", stellt Ulrike

---

AUF EINEN BLICK
Sektorale Trends

Beschäftigungspotential v. a.

- für Frauen und Ältere
- in verwaltungs- und marktnahen Organisationen
- in Bereichen, aus denen sich der Staat zurückzieht

Entgrenzung zwischen Staat und NPO schafft neue Kooperationsformen, z. B. Public Private Partnerships
Professionalisierung

- Steigende Anforderungen von Seiten der Geldgeber
- Konkurrenz um staatliche Förderungen und Spenden
- fördert personelle Durchlässigkeit zum Profitsektor
- Übernahme von Strukturen Managementkonzepten aus Unternehmenswelt
- Ver-Bürokratisierung

Schelander von care Österreich fest. Einige Interviewpartner betonen, dass sich die Quereinsteiger den sogenannten „NPO-Abschlag" wohl nur für einige Jahre leisten können, und schließlich wieder in den Profit-Sektor wechseln werden (Interviews 9, 17). Viele Interessenten aus der Privatwirtschaft hält das niedrigere Einkommen hingegen nicht vom Umstieg ab. Sie verdienen zwar gut, arbeiten viel, ihnen ist jedoch „der Sinn abhanden gekommen", erklären einige Befragte. Die Quereinsteiger seien auf der Suche nach einer sinnvollen Tätigkeit, wo nicht mehr Profitmaximierung, sondern Menschen im Mittelpunkt stehen.

Einzelne Befragte kritisieren, dass NPOs zunehmend Bildungs- und anwaltschaftliche Aufgaben übernehmen, die eigentlich in der Verantwortung des Staates liegen (Interviews 5, 16, 20). Der Staat dürfe sich seiner Verantwortung nicht entziehen, unterstreichen die Befragten, die einen weiteren **Rückgang staatlicher Subventionen** befürchten. Der zunehmende Kostendruck von Seiten des Staates zwingt Organisationen effizienter zu arbeiten und erhöht den Druck auf die Mitarbeiter [137]. Der Abbau von Subventionen zwingt NPOs auch neue Finanzierungswege zu beschreiten und immer mehr Organisationen drängen auf den Spendenmarkt. Durch die scharfe **Konkurrenz um Spenden** werde die Bedeutung des Fundraisings gesteigert, so ein Interviewpartner. Einmal am Spendenplafond angelangt, sind neue, innovativere Fundraising-Modelle gefragt (Interview 19). Ebenso werde die Konkurrenz um Projektgelder immer schärfer. Insbesondere durch die EU-Erweiterung gebe es nun mehr Organisationen, die bei Ausschreibungen um dieselben Gelder konkurrieren (Interview 12). Die Verringerung staatlicher Unterstützung werde jedoch auch Auswirkungen auf die Wahl der Beschäftigungsformen haben: Die prekäre finanzielle Lage von NPOs zwinge sie dazu, **leicht lösbare Arbeitsverhältnisse** anzubieten (Interview 19).

137
Zimmer/Priller (2006), S. 23.

Einen strategisch geplanten Rückzug des Staates aus dem Dienstleistungsbereich werde es nicht geben, meint ein Vertreter eines **„sozialen Diensleisters",** der Staat habe keinerlei Tendenzen sich zurückzuziehen, wenn es um Macht und Einfluss gehe, sondern privatisiere nur, wenn er muss (Interview 6). Stefan Wallner von der Caritas spricht von einer „**Entgrenzung zwischen Staat und NPO**". Es werde nicht mehr nur noch Schwarz und Weiß, sondern alle Graustufen geben und der Dritte Sektor werde nicht mehr scharf abgrenzbar sein (Interview 4). Der Trend geht folglich zur privaten Leistungserbringung unter staatlicher Kontrolle, sämtliche Kooperationsmöglichkeiten, wie etwa in Form von Public Private Partnerships (PPPs), sind also vorstellbar.

Der **Bedarf an qualifizierten Arbeitskräften** werde steigen, meint ein Vertreter des Sektors (Interview 19). Insbesondere für Organisationen mit stärkeren ideologischen bis konfessionellen Anforderungen könnte die Suche nach geeignetem Personal schwieriger werden, denn „durch die Schwächung der kirchlichen Strukturen ist es [...] schwieriger geworden Leute zu finden, die sich auf die progressiven Traditionen (Stichwort Befreiungstheologie, kath. Soziallehre) beziehen und positiv mit den jeweiligen gesellschaftspolitischen Inhalten identifizieren", stellt der EZA-Experte Gerald Faschingeder fest. Eine Vertreterin einer NPO in der Entwicklungszusammenarbeit erwartet, dass die konfessionell geprägten (Träger-)Organisationen die Arbeit zukünftig stärker beeinflussen werden (Interview 12).

DISKURS FAIRER ARBEITGEBER

Dass Mitarbeiter in Nonprofit-Organisationen im Hinblick auf ihr Gehalt einen „NPO üblichen Abschlag" in Kauf nehmen müssen, ist weitgehend bekannt und akzeptiert. Fraglich ist jedoch, ob die **Unterbezahlung** von Mitarbeitern nicht im Widerspruch zu den meist karitativen und humanitären Zielen der Organisation steht. Faschingeder bemerkt eine „beunruhigende Tendenz“ zur Ausbeutung von Arbeitskräften und kritisiert die mangelnde Bereitschaft von Seiten der Organisationen dieses Thema zu diskutieren. Unbezahlte Praktika und prekär beschäftigte Mitarbeiter prägen das Bild des Sektors, denn die Nachfrage nach Arbeitsplätzen und die Bereitschaft un- oder unterbezahlt zu arbeiten sind groß. Vor allem der Einstieg in den NPO-Arbeitsmarkt erfolgt vielfach über gering bis unbezahlte Positionen – über das Ehrenamt, Praktika oder ein AMS-finanziertes Arbeitstraining, da viele hoffen, auf diesem Wege relevante Praxiserfahrungen zu sammeln und Kontakte zu knüpfen.

„Wir würden gerne mittelfristig auf eine mit der Privatwirtschaft vergleichbare Gehaltsstruktur kommen. Die Mitarbeiter haben nicht weniger Arbeit, sondern verdienen nur weniger. Aber wir finden, dass das auch genausoviel wert sein sollte, nur sind die Möglichkeiten nicht vorhanden“, meint Karin Schweinegger vom WWF. Die Bezahlung sei jedoch nicht nur für die Motivation ausschlaggebend, sondern auch eine **Haltungsfrage**, urteilt eine Interviewpartnerin (Interview 16). Trotzdem werden in nur zwei NPOs Praktika bezahlt (Interviews 17, 20), wobei dies nicht mit einer besseren finanziellen Situation der Organisation begründet werden kann. Zwei weitere Befragte setzen sich kritisch mit dem Thema „Fairer Arbeitgeber“ auseinander, ohne jedoch gänzlich auf unbezahlte Arbeitskräfte zu verzichten. Immerhin werden dort geförderte EU-Praktika oder AMS-Trainings bevorzugt, weil die Mitarbeiter durch die Förderung wenigstens ein „Taschengeld“ erhalten für das die Organisationen selbst nicht aufkommen können. In einer befragten „Pressure Group“ spielt auch das Gehaltsgefälle bei der Überlegung einen Quereinsteiger aufzunehmen eine kritische Rolle. Selbst wenn Bewerber ein niedrigeres Einkommen durch einen Wechsel aus der Privatwirtschaft in Kauf nehmen wollen, möchte die Organisation keine Quereinsteiger einstellen, die zu hohe Gehaltseinbußen erleiden würden. Schließlich wolle man sich den neuen Mitarbeitern gegenüber weder schuldig fühlen, noch einen baldigen Wiederaustritt aus finanziellen Gründen riskieren (Interview 11).

Zwei Vertreter von Organisationen der EZA kritisieren die **soziale Selektion von Mitarbeitern** durch unbezahlte Praktika (v. a. nach dem Studium): Da Arbeitserfahrungen oft Voraussetzung für eine feste Stelle sind, hätten nur jene Interessenten tatsächlich Chancen aufgenommen zu werden, die es sich leisten können, ein unbezahltes Praktikum zu absolvieren (Interviews 12, 20).

Um unbezahlte Praktika zu rechtfertigen, muss zumindest der **Ausbildungsaspekt** angemessen berücksichtigt werden und eine entsprechende Betreuung der Praktikanten gewährleistet sein. Der Mehrheit der Interviewpartner liegt am Herzen, dass beide Seiten von einem Praktikum profitieren. Angemessene Betreuung der Praktikanten und selbstständiges Arbeiten an einem (eigenen) Projekt sind dort selbstverständlich. Viele Befragte bekennen jedoch, angesichts der großen Auswahl an Bewerbern, die eigenen Ansprüche hochzustecken und Studenten und Absolventen mit Praxiserfahrungen, den Bewerbern ohne relevante Erfahrungen vorzuziehen (Interviews 10, 11, 18). Hier wird ein Widerspruch bei der Rekrutierung von Praktikanten deutlich: Einerseits werden Erfahrungen vorausgesetzt, andererseits geben viele NPOs den Bewerbern nicht die Möglichkeit, diese Erfahrungen innerhalb ihrer Organisation zu sammeln.

RISIKO SELBSTAUSBEUTUNG

Die starke Identifikation mit den Zielen der Organisation und Wahrung der eigenen Authentizität fördert zwar die Arbeitszufriedenheit, das hohe Engagement der Mitarbeiter ist jedoch auch mit Risiken verbunden: Die Vereinnahmung durch den Beruf und die **mangelnde Distanz** zur Arbeit führen zu **Überforderung und Selbstausbeutung**, Burn-out und innere Kündigung [138] sind die Folgen. Die meisten NPO-Vertreter bekräftigen, dass Menschen mit „Helfersyndrom" nicht gefragt sind, nötig ist „Abgrenzung ohne zynisch zu werden", formuliert Stefan Wallner treffend. Einsatz ist gefragt und legitim, die Person muss allerdings auch unabhängig von der nothelfenden Tätigkeit existieren [139].

Die Abgrenzung von den Aufgaben und die Trennung von Berufs- und Privatperson gelingt unterschiedlich. Eine Interviewpartnerin berichtet von einem Generationsunterschied innerhalb der Organisation: Abhängig vom Zeitpunkt, in dem die Mitarbeiter in die Organisation eingetreten sind, unterscheiden sich die zwei Generationen von Mitarbeitern grundlegend in ihrer Einstellung gegenüber der Arbeit und der Organisation: Während die langjährigen Mitarbeiter die Arbeit als gesellschaftliche Aufgabe betrachten und auch gelegentlich ehrenamtlich aushelfen, ist diese für die neue Generation in erster Linie ein Job, von dem sie sich persönlich abzugrenzen versuchen. Den neuen Mitarbeitern fehle der Pioniergeist und sie sehen nicht ein, warum sie ehrenamtlich am Wochenende arbeiten sollten, so die Interviewpartnerin (Interview 18).

In der Tat wird von vielen Hauptamtlichen erwartet, dass sie sich über die vertraglichen Arbeitsstunden hinaus für die Agenden der Organisation einsetzen. Anastasiadis et al. sprechen von einer arbeitsrechtlich unzulässigen „Verpflichtung zum Ehrenamt" [140], wenn der Arbeitgeber zusätzlich zum Arbeitsverhältnis ehrenamtliches Engagement verlangt. Unentgeltliche Zusatzleistungen resultieren jedoch nicht nur aus der Verpflichtung durch den Dienstgeber, sondern vor allem auch aus dem Gefühl der Verantwortung für die Sache. Denn die größeren Gestaltungsspielräume bedingen auch ein höheres Maß an Eigenverantwortung. Ein 100 %iger Einsatz für die Aufgabe wird damit zur Selbstverständlichkeit.

138
Distanzierung von der beruflichen Pflichterfüllung und Minimierung des Arbeitseinsatzes bis zu einem gerade noch vertretbaren Ausmaß (Wikipedia).

139
Frantz (2005), S. 86.

140
Anastasiadis et al. (2003), S. 260.

Insbesondere in Organisationen, die mit Ehrenamtlichen arbeiten, können Hauptamtliche unter Druck geraten, da sie im Gegensatz zu den Freiwilligen für ihre Arbeit bezahlt werden. In der Folge werden die Zusammenhänge zwischen Haupt- und Ehrenamt näher beleuchtet.

141
Anastasiadis et al. (2003), S. 269.

142
Anastasiadis et al. (2003), S. 231ff.

KONFLIKTPOTENTIAL HAUPT- UND EHRENAMT

„Ehrenamtliche Arbeit ist Ausdruck für Verantwortung und Engagement“ [141] und für viele Organisationen, die damit auf ein breites Spektrum an Qualifikationen zurückgreifen können, eine **existenzsichernde Ressource.** Die Ehrenamtlichen, die sich für die verschiedensten Themen und Bereiche einsetzen, bringen meist ein hohes Maß an Motivation und Identifikation mit den Organisationswerten mit und tragen erheblich zur Erreichung der Organisationsziele bei. Um der Freiwilligenarbeit die nötige Wertschätzung entgegenzubringen, werden Gegenleistungen, wie Versicherungsschutz, Ausbildungen und Kostenersätze für Ehrenamtliche sowie deren Einbindung in die Organisation, als wichtig erachtet. Darüber hinaus werden zahlreiche Überlegungen zur Förderung des Ehrenamts, wie etwa durch Nachweise und Anrechenbarkeit der Tätigkeit, angestellt. Ebenso fordern viele Organisationen die staatliche Förderung von ehrenamtlicher Arbeit, ohne den Staat von der Wahrnehmung seiner eigenen Aufgaben befreien zu wollen.

Haupt- und Ehrenamt sind in mehrfacher Hinsicht miteinander verknüpft. Wenn bezahlte Mitarbeiter, wie oben erwähnt, zu einem Teil auch freiwillig arbeiten spricht man von einer Synthese von Ehren- und Hauptamt. Ehrenamtliches Engagement kann auch als **Brücke zur Erwerbsarbeit** dienen, immerhin wollen 15 % der ehrenamtlich Tätigen eigentlich eine bezahlte Arbeit und hoffen, auf diesem Wege am NPO-Arbeitsmarkt Fuß zu fassen [142]. Andererseits ist die inhaltliche und praktische Trennung von Freiwilligen-

und Erwerbsarbeit von großer Bedeutung. Auch aufgrund der strukturellen Besonderheiten der Rechtsform Verein, der durch ein ehrenamtliches Kontrollorgan charakterisiert ist, gibt es zahlreiche Verflechtungen zwischen den hauptamtlichen Mitarbeitern und dem ehrenamtlichen Vorstand:

Zunächst sind Hauptamtliche dem ehrenamtlichen Vorstand gegenüber weisungsgebunden und zur Rechenschaft verpflichtet. Anastasiadis et al. (2003) sprechen allerdings von einer **„Funktionsaufweichung“** zwischen den Rollen der Arbeitnehmer und der Arbeitgeber“ in Vereinen, da bezahlte Arbeitnehmer zumeist auch Mitglieder der Organisation und damit ihr eigener Arbeitgeber sind. Außerdem sind Vorstandsmitglieder oft gleichzeitig als bezahlte Mitarbeiter der Organisation tätig und bestellen somit den Vorstand und die Geschäftsführung, wählen und berichten sich folglich selbst. Diese Rollenvermischung zwischen Vorstand, Mitgliedern und Mitarbeitern führt dazu, dass die Schutzfunktion und Weisungsgebundenheit der Arbeitnehmer gegenüber dem Arbeitgeber nicht im arbeitsrechtlichen Sinn gewährleistet ist [143].

Besonders konfliktreich kann sich die Beziehung zwischen Ehrenamtlichen und Hauptamtlichen gestalten, wenn beide mit den gleichen Aufgaben betraut sind. Unter diesen Umständen können **Freiwillige als Billigkonkurrenz** zu Hauptamtlichen fungieren und damit regulär bezahlte Arbeitsplätze gefährden [144]. Beide Seiten stellen hohe Erwartungen an die entlohnten Mitarbeiter, die unter dem Druck stehen, sich mit erhöhtem Einsatz gegenüber ihren unbezahlten Arbeitskollegen für ihr Gehalt rechtfertigen zu müssen. Geradezu paradox ist hingegen, wenn Ehrenamtliche, die eigentlich eine bezahlte Arbeit anstreben, durch ihr eigenes Engagement zum Stellenabbau der eigenen Profession beitragen und damit ihre Chancen auf eine hauptamtliche Beschäftigung verringern [145].

143 Anastasiadis et al. (2003), S. 257ff.

144 Kistler/Rauschenbach (2001), S. 151.

145 Anastasiadis et al. (2003), S. 272.

146
Anastasiadis et al. (2003), S. 269.

AUF EINEN BLICK
Herausforderungen

Diskurs fairer Arbeitgeber

- Unterbezahlung: „NPO-Abschlag"
- unbezahlte Praktika
- Forderung nach Berufserfahrung auch für Praktikanten

Abgrenzung & Selbstausbeutung

- Hohe Gefahr von Burn-out
- Verpflichtung zum Ehrenamt für Hauptamtliche
- Abfederung durch flankierende Maßnahmen wie Supervision etc.

Konfliktpotential Ehrenamt & Hauptamt

- „Billigkonkurrenz" Ehrenamt
- Funktionsaufweichung zwischen dem Arbeitgeber und -nehmer
- Professionelles Freiwilligenmanagement: Trennung von Ehrenamt & Erwerbsarbeit notwendig

Andererseits kann der Einsatz von Ehrenamtlichen Anlass für die **Schaffung neuer bezahlter Arbeitsplätze** geben, wenn eine Person speziell für die Koordinierung der Freiwilligen eingestellt wird: Um eine **Konkurrenzbeziehung zwischen Haupt- und Ehrenamtlichen** zu verhindern, bedarf es einer klaren Aufgabenabgrenzung und Strategien zur Verbesserung der komplementären Zusammenarbeit beider Gruppen. Eine für die Betreuung und Begleitung Ehrenamtlicher zuständige Person sollte als Ansprechperson für die Freiwilligen fungieren und bei Konflikten vermitteln [146]. Schaaf-Derichs (2001) präzisiert die Anforderungen an einen **Freiwilligen-Koordinator**: Erstens werden Sozial-

und Gesellschaftskompetenz, die beispielsweise durch freiwilliges Engagement erworben werden, erwartet, zweitens sind Fachkompetenz im jeweiligen Tätigkeitsbereich und drittens Methodenkompetenz, wie etwa Erfahrungen im Projektmanagement und in der Gruppenentwicklung, gefragt 147.

Ehrenamtliche bedürfen anderer **Beeinflussungsstrategien**, da diese keinerlei rechtliche Verpflichtungen gegenüber dem Arbeitgeber haben und herkömmliche Maßnahmen, ihr Verhalten durch Angebot von Geld oder Aufstiegsmöglichkeiten zu lenken, nicht greifen. Anastasiadis et al. führen eine Reihe von Strategien an, um Probleme wie Verlässlichkeit und Kontinuität in der Arbeit zu bewältigen. Den Autoren zufolge leisten viele Organisationen Motivationsarbeit und sprechen ihren Freiwilligen vor allem Lob aus. Andere arbeiten auch mit finanziellen Anreizen, die von Aufwandsentschädigungen bis hin zur Unterstützung bei der Weiterbildung reichen 148.

EHRENAMT IM PERSÖNLICHEN LEBENSKONZEPT

Kistler/Rauschenbach (2001) unterstreichen die **Brückenfunktion des Ehrenamtes** aus der bzw. in die Erwerbsarbeit. Einerseits kann freiwilliges Engagement Schwierigkeiten durch den Übergang aus dem Erwerbsleben in die Pension abfedern, anderseits kann es den (Wieder-)Einstieg ins Berufsleben erleichtern 149. Gerade im Falle vorübergehender **Arbeitslosigkeit** ermöglicht das Ehrenamt (soziale) Kontakte zur Arbeitswelt herzustellen und relevantes Know-how aufzubauen. Auch eine Interviewpartnerin betont den integrativen Aspekt des Ehrenamtes und empfiehlt Arbeitslosen, ihre Zeit einer gemeinnützigen Organisation zu „spenden“. Schließlich werden ehrenamtliche Mitarbeiter, Praktikanten und Zivildiener, die sich bereits eingearbeitet und profiliert haben, bei der Besetzung fixer Stellen bevorzugt (Interview 18). Mit zunehmen-

147
Schaaf-Derichs (2001), Rede.

148
Anastasiadis et al. (2003), S. 270.

149
Kistler/Rauschenbach (2001), S. 155.

der Dauer der Arbeitslosigkeit, so Anastasiadis et al., sinkt jedoch die Bereitschaft, sich ehrenamtlich zu engagieren, da die Erwerbslosigkeit als persönliche Notlage empfunden wird und kein Interesse besteht, altruistisch oder gemeinnützig tätig zu werden 150. Die umstrittene Maßnahme, Arbeitslose zum Ehrenamt zu verpflichten, wäre daher kontraproduktiv.

Die Meinungen, ob gemeinnütziges Engagement für **Karrieren** förderlich ist, divergieren. Walter Voitl von Ärzte ohne Grenzen bemängelt, dass „für Ärzte [in Österreich] ein Einsatz immer mit einem Karriereknick verbunden“ ist und noch immer nicht als Zusatzqualifikation angesehen wird. Die Lage würde sich langsam verbessern, sei aber von einer Situation, wie im humanitär geprägten Frankreich, weit entfernt.

Beim **Berufseinstieg** ist für Dietrich (2006) jedoch klar: Ehrenamtliches Engagement zählt bei Bewerbungen oft mehr als die besten Noten. „Ehrenämter gelten als gute Berufsvorbereitung, weil sie Fähigkeiten wie Teamführung, Zeitmanagement und sicheres Auftreten stärken“ 151. Darüber hinaus verschafft Freiwilligenarbeit Netzwerkkontakte, die für den Einstieg ins Berufsleben von essentieller Bedeutung sein können. Bürgerschaftliches Engagement wird damit zur „Investition in die Zukunft“ 152.

Andererseits kann ehrenamtliches Engagement als **Ausgleich** zum stressigen Beruf dienen 153. Ob Freiwilligenarbeit parallel zur Erwerbsarbeit möglich ist, hängt laut Kistler/Rauschenbach vor allem vom zeitlichen Aufwand ab. Daher zählt die Forderung nach „Freistellungen für ehrenamtliche Tätigkeit durch den Arbeitgeber“ auch zu den am häufigsten genannten Verbesserungsvorschlägen für die Stärkung des Ehrenamts 154.

Auch das Österreichische Rote Kreuz befürwortet die Einführung einer Freiwilligenkarenz zur **Förderung der Freiwilligenarbeit**: In einem vom ÖRK und der Industriel-

150
Anastasiadis et al. (2003), S. 232.

151
Dietrich (2006), S. 1.

152
Priller/Zimmer (2006), S. 24.

153
Priller/Zimmer (2006), S. 22.

154
Kistler/Rauschenbach (2001), S. 154.

lenvereinigung initiierten Arbeitskreis wurden Vorschläge zur Stärkung des bürgerschaftlichen Engagements erarbeitet. Eine große Bedeutung wird dabei dem Staat zugeschrieben: Dieser soll durch Anreizsysteme wie etwa Ausbildungsangebote und die Anrechenbarkeit von freiwilligen Einsätzen für spätere Ausbildungen und Pensionszeiten die Bereitschaft, Freiwilligenarbeit zu leisten, fördern 155.

155
Österreichisches Rotes Kreuz (2006).

FAZIT

Trotz des bisherigen Bevölkerungswachstums zeigen sich die Befragten im Hinblick auf die **zukünftige Beschäftigung** eher skeptisch. Begründet wird dies vor allem mit dem Rückgang von Subventionen und der steigenden Konkurrenz um Spendengelder. Daher werden vor allem qualifizierte Arbeitskräfte, die in Eigeninitiative neue Bereiche aufbauen, gefragt sein. Insbesondere im Fundraising werden Potentiale zur Erschließung neuer Einkommensquellen gesehen. Ebenso werden Unternehmenskooperationen zunehmend an Bedeutung gewinnen; Kenntnisse der „Unternehmenswelt" werden daher auch im NPO-Sektor verstärkt gefragt sein.

Die Erschließung neuer Einnahmequellen und die damit verbundene Diversifizierung der Budgets gibt Anlass zur Hoffnung auf **verbesserte Arbeitsbedingungen** für die Mitarbeiter in NPOs. Dies gilt gleichermaßen für eine angemessene Entlohnung wie für eine Steigerung der Weiterbildungsangebote, denn die Wertschätzung ihrer Leistungen sollte sich in der Ausgestaltung der Vertraglichkeiten und in Form adäquater Entlohnungen widerspiegeln. Insbesondere atypisch Beschäftigte sind aufgrund der Diskontinuität der Arbeitsverhältnisse und ihrer mangelnden sozialstaatlichen Absicherung (Arbeitslosenversicherung) unzureichend geschützt. In humanitären und karitativen Organisationen, wo Aufopferung und Selbstausbeutung des Personals zum Arbeitsalltag gehören, sind zudem die Einführung und Intensivierung flankierender Maßnahmen, wie Supervision, von Nöten. Eine stabile Ausfinanzierung, die eine längere Planbarkeit für Arbeitgeber und Mitarbeiter zulässt, könnte hier zur Verbesserung der Arbeitsbedingungen beitragen.

Die **Herausforderung mit Ehrenamtlichen und Hauptamtlichen** zu arbeiten, wird zunehmend erkannt, was auch am einschlägigen Fortbildungsangebot deutlich wird. So bieten etwa die Caritas einen Lehrgang für Freiwilligenkoordinatoren und die NPO-Akademie [156] einen Speziallehrgang zu Personalmanagement in NPOs an, während der Österreichische Rat für Freiwilligenarbeit an einem Curriculum für ein entsprechendes Ausbildungsangebot arbeitet. Die Professionalisierung des Umgangs mit Ehrenamtlichen ist nicht nur notwendig, um den spezifischen Motiven, Bedürfnissen und Potenzialen der Freiwilligen Rechnung zu tragen [157], eine klare inhaltliche wie organisationale Trennung von Ehrenamt und Erwerbsarbeit ist zu empfehlen, um das Konfliktpotential zwischen den beiden Gruppen zu entschärfen.

Angesichts der eigenen Professionalisierung hinterfragen einige befragte Organisationen den Sinn, an der **Vereinsform** festzuhalten. Diese Rechtsform sei nicht mehr zeitgemäß (Interview 6) und mache die Organisation träge und unflexibel (Interview 3). Zudem sind die oben erwähnte Vermengung der Arbeitnehmer- und Arbeitgeberrolle und die Synthese von bezahlter und unbezahlter Arbeit problematisch. Einige Vereine haben bereits unternehmerische Strukturen implementiert und sind in einer Offenen Handelsgesellschaft (OHG) (Interview 16) oder einer gemeinnützigen Gesellschaft mit beschränkter Haftung (gGmbH) (Interview 6) aufgegangen.

Eine weitere **Professionalisierung**, die sich etwa durch die Einführung zusätzlicher (Personal-)Managementinstrumente oder durch die Institutionalisierung von Prozessen

156 http://www.npo-akademie.at

157 Anastasiadis et al. (2003), S. 232.

zeigt, wird großteils angestrebt. Ebenso planen einige NPOs den Fundraising-Bereich – insbesondere die Kooperationen mit Wirtschaftsunternehmen – auszubauen, um eine Unabhängigkeit von staatlichen Subventionen zu erreichen.

Der **Wunsch zu wachsen** wirft Fragen nach der eigenen Orientierung und Positionierung auf: In welchen Bereichen und mit welchem Ziel soll die Organisation wachsen? Wie kann das Wachstum finanziert werden? Welche Mittel stehen zur Verfügung und welche sollen genutzt werden? Lassen sich die angestrebten Unternehmenskooperationen mit den eigenen Werten und Zielen vereinbaren?

INNOVATIONSKRAFT FÜR DEN ARBEITSMARKT: NPOS UND WIRTSCHAFT ARBEITEN ZUSAMMEN

„Weniger Staat, mehr Privat", lautet das Credo neoliberaler Wirtschaftspolitik, welches den sukzessiven Rückzug der öffentlichen Hand aus vormals staatlichen Aufgabengebieten propagiert. Der Staat ist an seine Leistungsgrenzen gestoßen – so erklärt das Österreichische Rote Kreuz in seinem Positionspapier „Das W!R-Gefühl" die Notwendigkeit der Gesellschaft, vermehrt Aufgaben im Dienste des Gemeinwohls zu übernehmen. Das Papier, das Vorschläge zur Förderung des freiwilligen Engagements erarbeitet, erinnert an das in Vergessenheit geratene Subsidiaritätsprinzip, das dem Bürger Eigenverantwortung und -initiative abverlangt. Was der Einzelmensch leisten kann, soll ihm nicht vom Staat abgenommen werden, lautet die Devise **158**.

Geringere Steuern und Sozialabgaben bringen die staatlichen Budgets unter Druck und so nehmen NPOs immer mehr Aufgaben wahr, die der zurückgedrängte Sozialstaat nicht mehr übernehmen kann. Altenpflege, Kinderbetreuung, Forschung und Gesundheit sind nur einige dieser Bereiche, die zwar öffentlich gefördert, jedoch von privaten Organisationen getragen werden. Sogar die Kontrolle von Menschenrechten und Umweltbestimmungen wird zunehmend von Nichtregierungsorganisationen übernommen. Denn die Globalisierung der Weltwirtschaft hat zu einem Kontrollverlust des Staates geführt, schreibt Michael Aßländer im Glocalist Magazine **159**. Produktion und Vertrieb sind längst nicht mehr an nationalstaatliche Grenzen gebunden und entziehen sich dadurch staatlicher Regulierung. Gleichzeitig steigen damit die Anforderungen, die an Unternehmen gestellt werden. Von diesen wird erwartet, dass sie sich selbst kontrollieren und Verantwortung gegenüber der Gesellschaft wahrnehmen.

158
Österreichisches Rotes Kreuz (2006).

159
Aßländer (2005), S. 23.

CORPORATE SOCIAL RESPONSIBILITY – VERORTUNG DES DIALOGS MIT DER WIRTSCHAFT

160 Backhaus-Maul (2006), S. 32.

161 Deuerlein et al. (2003), S. 4.

162 Pommerening (2005), S. 1.

Der Diskurs um die gesellschaftliche Verantwortung von Unternehmen ist nicht neu, wird jedoch seit einigen Jahren stark von Wirtschaft, Politik und Zivilgesellschaft vorangetrieben.

Soziales Engagement von Unternehmern hat eine lange Tradition: „Gutes zu tun war für viele religiös geprägte und gesellschaftspolitisch inspirierte Unternehmerpersönlichkeiten und deren [...] Ehefrauen jahrzehntelang eine gepflegte kulturelle Selbstverständlichkeit“ [160]. Deren Engagement war allerdings an die Person des Unternehmers und dessen persönliche Kontakte gebunden.

Heute müssen sich große multinationale Unternehmen angesichts ihrer Rolle im Globalisierungsprozess verstärkt mit Fragen ihrer gesellschaftlichen Verantwortung auseinandersetzen. Die Übernahme von Verantwortung gegenüber Mitarbeitern, Kunden, Lieferanten sowie der ökologischen und sozialen Umwelt wird dabei als eine Investition empfunden, die sich langfristig bezahlt macht – das Unternehmen wird als aktiver Teil einer Gesellschaft betrachtet, das zum Wohlstand beiträgt und gleichzeitig von einer sozial stabilen und abgesicherten Gesellschaft profitiert [161]. Das verantwortliche Verhalten von Unternehmen wird folglich für die Gewinnmaximierung genutzt und soll damit eine **„Win-Win-Situation“** herbeiführen [162].

GESELLSCHAFTLICHE VERANTWORTUNG VON UNTERNEHMEN

Zwei Konzepte – **Corporate Social Responsibility (CSR)** und Corporate Citizenship (CC) – prägen die aktuelle Diskussion, deren Abgrenzung allerdings umstritten ist. Im engeren Sinne bezieht sich CSR auf die Verantwortung des Unternehmens im Rahmen des Kerngeschäfts. Die Einhaltung von Menschrechten sowie arbeits- und sozialrechtlicher Regelungen, der schonende Umgang mit Ressourcen sowie die Einhaltung ethischer Standards entlang der gesamten Wertschöpfungskette sind typische CSR Themen. Der Zugang ist ein betriebswirtschaftlicher und bewertet innerbetriebliche Abläufe in Hinblick auf ihre gesellschaftliche Bedeutung. Mit dem Ziel, nachhaltig Gewinne zu sichern, werden unter dem Schlagwort der Nachhaltigkeit auf freiwilliger Basis soziale Anliegen und Umweltbelange in die Unternehmensstrategie integriert [163]. Eine Vielzahl an Instrumenten zu denen Verhaltenskodizes, Labels und Standards zählen, findet in der Praxis Anwendung.

Mit einem **Verhaltenskodex** (Code of Conduct) verpflichten sich Unternehmen freiwillig zur Einhaltung bestimmter sozialer und ökologischer Prinzipien. Diese beinhalten meist arbeits- und menschenrechtliche sowie Umweltstandards, die in sämtliche Unternehmensbereiche – Beschaffung, Personal, Produktion, Investition und Abfallsentsorgung – miteinfließen. Die Prinzipien können (im Dialog mit Interessensgruppen) von Unternehmen selbst erstellt werden oder von internationalen Initiativen, wie etwa der International Labor Organization (ILO) oder UNO, übernommen werden.

Die Verwendung von **Labels** ermöglicht Unternehmen direkt auf dem Produkt seine Kunden auf die Einhaltung bestimmter Standards hinzuweisen. Unabhängige Zertifizierungsorganisationen werden beauftragt, die Einhaltung der vorgeschriebenen Kriterien zu überprüfen und die Verwendung des jeweiligen Gütesiegels (z. B. Bio-Siegel, Fairtrade etc.) zu genehmigen.

Eine weitere Möglichkeit der freiwilligen Selbstverpflichtung bietet die Einhaltung von **Standards**, die Verfahrensanweisungen (Prozess-Standards) oder die Inhalte unternehmerischen Verhaltens in Bezug auf bestimm-

163
Backhaus-Maul (2006), S. 33.

te Anspruchsgruppen (Performance-Standards) definieren 164. Beispiele hierfür sind die zertifizierbare ISO-Norm 14001, für ein betriebliches Umweltmanagement, oder der Social Accountability 8000 (SA8000), der Beschäftigungsbedingungen von UN- und ILO-Konventionen festlegt. Darüber hinaus arbeitet die International Organisation for Standardization (ISO) an einer Norm zum Thema Social Responsibility. Dieser Standard, der ISO 26000, soll Ende 2008 veröffentlicht werden 165.

164
Pommerening (2005), S. 13 ff.

165
www.iso.org, www.on-normat, www.respACT.at (4.10.2006).

Abbildung 6: Instrumente der unternehmerischen Selbstverpflichtung, Quelle: Pommerening 2005, S. 15.

Unter **Corporate Citizenship (CC)** oder bürgerschaftlichem Engagement von Unternehmen werden im engeren Sinne Maßnahmen zusammengefasst, die außerhalb des eigentlichen Kerngeschäfts liegen. Unternehmen werden als Teil der Gesellschaft gesehen, die – wie Privatpersonen – gesellschaftliche Rechte und Pflichten haben und sich für das Gemeinwohl engagieren. Überwiegend in ihrem lokalen Umfeld fördern die Unternehmen Projekte und Initiativen in den Bereichen Kultur, Bildung, Soziales, Umweltschutz etc., einerseits aus Gründen der moralischen Verpflichtung, etwas an die Gesellschaft zurückzugeben, aber auch zur Sicherung der eigenen Existenz. Denn mit der Förderung der Zivilgesellschaft verbessern Unternehmen nicht nur ihr Image, sie steigern auch die Kaufkraft ihrer potentiellen Kunden. CC-Maßnahmen werden allerdings nicht nur in der direkten Umgebung umgesetzt. Mit der Organisationsgröße steigt auch der Aktionsradius – von international agierenden Unternehmen wird daher im Sinne eines „Good global Citizens" auch ein Engagement in Entwicklungs- und Schwellenländern erwartet 166.

Die Instrumente des unternehmerischen Engagements sind Corporate Giving, Corporate Volunteering und Corporate Foundation. „Unter **Corporate Giving** werden alle Arten von Spenden und Sponsoring zur Förderung gemeinwohlorientierter Einrichtungen und auch kultureller Veranstaltungen verstanden" 167. Dazu zählen einerseits einfache Geld- und Sachspenden, Stipendien sowie die kostenlose Bereitstellung von Gütern, Leistungen und Know-how, für die keinerlei Gegenleistung erwartet wird. Andererseits dienen Sponsoringaktivitäten den Unternehmen als kommunikationspolitische Werbemaßnahme und schließen eine (meist vertraglich fixierte) Gegenleistung der unterstützen Organisation, wie das Sichtbarmachen von Logos bei Veranstaltungen, mit ein.

Als **Corporate Volunteering** bezeichnet man das Freistellen von Mitarbeitern für die Verrichtung gemeinnütziger Aufgaben in NPOs. Letztere profitieren sowohl von der Arbeitskraft als auch vom Know-how der Mitarbeiter, die bei vollem Gehalt tageweise oder auch für längerfristige Projekte freigestellt werden. **Corporate Foundations** sind Stiftungen, die von Unternehmen zur Förderung des Gemeinwohls gegründet werden. Die Stiftungen, die vielfach den Namen ihrer Gründer tragen (wie etwa die Robert Bosch Stiftung), werden Teil der Unternehmensidentität 168.

Corporate Social Responsibilty und Corporate Citizenship verknüpfen wirtschaftliches Handeln mit gesellschaftlichem Engagement und zielen auf eine soziale Veranke-

166
Pommerening (2005), S. 21.

167
Pommerening (2005), S. 22.

168
Pommerening (2005), S. 23f.

Abbildung 7: Instrumente des unternehmerischen Engagements, Quelle: Pommerening 2005, S. 22.

rung an den Betriebsstandorten, und damit in der Gesellschaft, in der sie produzieren und verkaufen, ab [169].

Beide Konzepte können im weiteren Sinn auch als umfassendes Dachkonzept verstanden werden, welches das jeweils andere miteinschließt. Somit kann Corporate Citizenship als philantropischer Teil der Verantwortung von Unternehmen gesehen werden (World Business Council for Sustainable Development, respACT austria) oder als Dachkonzept, da gesellschaftlich verantwortliches Verhalten von einem Unternehmer als guten Bürger erwartet wird (Weltwirtschaftsforum, WARWICK Business School) [170]. In der vorliegenden Studie wird CSR als weitergefasstes Dachkonzept gesehen, das soziale Verantwortung sowohl innerhalb als auch außerhalb der Unternehmensabläufe betrachtet.

ÖSTERREICHISCHE INITIATIVEN IN WIRTSCHAFT, POLITIK UND ZIVILGESELLSCHAFT

Die wachsende Bedeutung von CSR zeigt sich nicht nur in der Wirtschaftspraxis, wo zu den üblichen Jahresberichten zunehmend auch Nachhaltigkeits- und CSR-Berichte erstellt werden, sondern auch an der Vielzahl an Veranstal-

169 Backhaus-Maul (2006), S. 32.

170 Pomperening (2005), S. 12.

tungen, Initiativen und Plattformen, die sich mit der sozialen Verantwortung von Unternehmen auseinandersetzen. Ein Ausschnitt davon soll in der Folge vorgestellt werden:

Auf europäischer bzw. internationaler Ebene werden lediglich zwei Beispiele angeführt – hier regen v. a. die Europäische Kommission und Initiativen, wie UN Global Compact, den Diskurs um Instrumente und Rahmenbedingungen an. Im Frühjahr 2006 hat die **Europäische Kommission** ein Bündnis für soziale Verantwortung von Unternehmen ins Leben gerufen. Die Plattform soll dazu beitragen, neue Unternehmensinitiativen anzuregen und bestehende Aktivitäten zu bündeln. Das Engagement der EU in diesem Bereich ist keinesfalls neu: Spätestens seit der 2001 veröffentlichten EU-Strategie zur Nachhaltigkeit wird CSR als wichtiger freiwilliger Beitrag der Wirtschaft gesehen, der die EU zum „wettbewerbsfähigsten und dynamischsten wissensbasierten Wirtschaftsraum der Welt" machen und entsprechend politisch gefördert werden soll [171].

Mit mehr als insgesamt 2.700 teilnehmenden Unternehmen, Arbeitnehmerverbänden und Organisationen aus über 910 Ländern ist der **UN Global Compact** die größte CSR Initiative der Welt. Ziel des 1999 gegründeten Pakts ist die Förderung universeller Sozial- und Umweltprinzipien. Die Teilnehmer verpflichten sich zur Einhaltung von zehn Grundprinzipien in den Bereichen Menschenrechte, Arbeitsnormen, Umweltschutz und Korruptionsbekämpfung und legen in ihrem Jahres- oder Nachhaltigkeitsbericht Rechenschaft über die Umsetzung der Prinzipien ab. Zudem müssen sich teilnehmende Unternehmen öffentlich für den Global Compact und seine Prinzipien einsetzen [172].

In **Österreich** sind derzeit nur sieben Unternehmen Teilnehmer der Initiative. Weit mehr Mitglieder hat die Plattform **respACT**, die auf der **Wirtschaftsseite** zu den aktivsten österreichischen CSR-Initiativen zählt. Der Verein führt seit 2005 die Arbeit von CSR Austria, einer Initiative der

171
Europäische Kommission (2001), S. 3.

172
respACT (2006), www.unglobalcompact.org (10.10.2006).

Industriellenvereinigung und des Bundesministeriums für Wirtschaft und Arbeit, fort. Diese griff Anfang 2000 das Thema auf, um eine „proaktive CSR-Politik einzuleiten und damit die österreichischen Unternehmen und den Wirtschaftsstandort Österreich zu stärken" 173. RespACT möchte „Plattform und Ansprechpartner in allen Fragen der Umsetzung von Nachhaltigkeit, CSR und Wirtschaftsethik sein" 174 und einen Austausch zwischen Unternehmen anregen. Die Plattform zählt über 80 Unternehmen zu ihren Mitgliedern und wird von der Industriellenvereinigung, der Wirtschaftskammer Österreich sowie den Bundesministerien für soziale Sicherheit, Generationen und Konsumentenschutz, für Land- und Forstwirtschaft, Umwelt und Wasserwirtschaft und für Wirtschaft und Arbeit unterstützt. Das vierköpfige Team um Generalsekretär Dkfm. Lorenz Fritz und Geschäftsführer DI Roman H. Mesicek veranstaltet für Mitglieder und Interessenten Praxisabende und Podiumsdiskussionen rund um CSR und evaluiert erfolgreiche Projekte. Mit einem auf ihre spezifischen Bedürfnisse und Rahmenbedingungen zugeschnittenen CSR-Leitfaden soll auch Klein- und Mittelbetrieben CSR schmackhaft gemacht werden 175.

Ein besonderes Projekt des Vereins ist **BRÜCKENSCHLAG**, das von der Sozialakademie der Caritas Wien getragen und von Wirtschaft und Politik unterstützt wird. Ganz im Sinne des Corporate Volunteering ermöglicht das Programm Führungskräften aus Wirtschaftsbetrieben und Sozialeinrichtungen eine Woche in den jeweils anderen Arbeitsalltag zu wechseln, um eine Annäherung der scheinbar so unterschiedlichen Welten zu erlauben. Beide Seiten können von diesem Austausch profitieren: Sozialeinrichtungen lernen das wirtschaftliche Arbeiten von und in Unternehmen sowie deren Projekt- und Qualitätsmanagement kennen, während Führungskräfte aus Wirtschaftsunternehmen ihre soziale Kompetenz schulen können. Da-

173 Deuerlein et al. (2003), S. 4.

174 www.csr-austria.at (4.10.2006).

175 www.respact.at (4.10.2006).

rüber hinaus soll durch die Vernetzung der Welten sogar ein gesellschaftlicher Nutzen erwachsen, da eine ganzheitliche Sichtweise vielschichtiger Probleme angeregt wird 176.

Ein anderes Projekt, **Vernetzte Welten**, ermöglicht ähnliche Erfahrungen in einem mehrmonatigen Einsatz. Dabei werden spezifische Projekte in NPOs für Mitarbeiter von Wirtschaftsunternehmen ausgeschrieben. Wenn diese von ihrem Stammunternehmen freigestellt werden, übernehmen die erfolgreichen Bewerber schließlich die Leitung des Projektes. Ziel ist nicht nur, Verständnis für die Arbeit von NGOs zu bekommen und inhaltliche sowie persönliche Brücken zu schlagen, sondern auch voneinander zu lernen und neuartige Projektmanagementerfahrungen zu sammeln 177.

Der Verein RespACT arbeitet eng mit dem Zweigverein **Austrian Business Council for Sustainable Development (ABCSD)** zusammen, der auf Initiative des Bundesminister Dr. Martin Bartenstein nach Vorbild des 1995 gegründeten World Business Council for Sustainable Development (WBCSD) gegründet wurde. Der ABCSD richtet sich vor allem an große Industrieunternehmen und bietet seinen Mitgliedern ein umfassendes Informationsservice zu den Themen Öko-Effizienz, Nachhaltigkeit im Verbrauch, erneuerbare Ressourcen, Klima und Energie, die Rolle der Finanzmärkte sowie internationaler Handel und Umwelt. Der Verein will als Plattform des Dialogs vor allem den Meinungsaustausch unter Topmanagern der österreichischen Wirtschaft fördern, wobei seine Mitglieder sich – mit gutem Beispiel vorangehend – zu den allgemeinen Prinzipien einer nachhaltigen Entwicklung (Ökonomie, Ökologie und Soziales) bekennen 178.

Gemeinsam mit dem **Österreichischen Institut für Nachhaltige Entwicklung (ÖIN)**, einer transdisziplinären Forschungseinrichtung mit Sitz an der Universität für Bodenkultur Wien, die Unternehmen, Politik und Gesell-

176
www.brueckenschlag.org (5.10.2006).

177
www.vernetze-welten.at (5.10.2006).

178
www.abcsd.at (4.10.2006).

schaft bei der Entwicklung und Umsetzung von Nachhaltigkeits- und CSR-Projekten und Instrumenten berät und begleitet [179], hat der ABCSD die **Austrian Business Academy for Sustainable Developement (ASD)**, ein Kompetenz- und Weiterbildungszentrum für Unternehmen, die nachhaltig wirtschaften wollen, gegründet [180]. Ein weiterer Partner von respACT und dem ÖIN ist CorporAID, die Initiative für Wirtschaft und globale Armutsbekämpfung, die 2003 vom Institut für Cooperation bei Entwicklungsprojekten (ICEP) ins Leben gerufen wurde.

CorporAID will den Gedanken der globalen Armutsbekämpfung in die Unternehmenswelt tragen und hat dafür von Anfang an die Zusammenarbeit mit Unternehmen gesucht. Die Initiative unterstützt Unternehmen bei der Erweiterung ihrer CSR-Strategie um eine globale Dimension und trägt mit dem CorporAID Magazin, einer vierteljährlichen Beilage zum Wirtschaftsblatt, und dem CorporAID Multilogue, der Kommunikations- und Netzwerkschiene der corporAID Initiative, zur CSR-Diskussion bei. Die Initiative wird von der Österreichischen Entwicklungszusammenarbeit und von zahlreichen Wirtschaftsunternehmen unterstützt [181].

Das **Österreichische Netzwerk Wirtschaftsethik (OeNWE)** wurde 2004 als offizielles Chapter des europäischen Wirtschaftsethiknetzwerkes EBEN (European Business Ethics Network) gegründet und will Forum für einen pluralistischen Dialog mit Wirtschaft, Wissenschaft und Zivilgesellschaft über ethische Fragen des Wirtschaftens sein. Das Netzwerk versteht sich als NGO von Unternehmern für Unternehmer zur Förderung der Wirtschaftsethik in Österreich. Im Gründungsvorstand des Vereins sind Praktiker aus Wirtschaft, Medien und Zivilgesellschaft vertreten (u. a. Georg Greuter, Andreas Rainisch, Christian Neugebauer). Darüber hinaus verfügt das OeNWE über einen breitgefächerten Ethikbeirat (u. a. Thomas Muhr, Günther Rieder,

179 http://dyn.boku.ac.at/oin/index.php (5.10.2006).

180 www.asd.at (5.10.2006).

181 www.corporaid.at (5.10.2006).

Eugen-Maria Schulak), der branchenspezifische Themen erarbeitet 182.

Auch am **österreichischen Kapitalmarkt** spielen CSR und Nachhaltigkeit zunehmend eine Rolle: Immer mehr Anleger investieren in Unternehmen, die neben ökonomischen auch ökologische und soziale Ziele verfolgen. Eine aktuelle Studie des European Social Investment Forums (Eurosif) schätzt den europäischen Markt für sozial-verantwortliche Investitionen auf 1 Mrd. Euro, was einem Anteil von 10–15 % aller europäischen Fonds entspricht. Mit einem Wachstum von 36 % seit Dezember 2002 boomt der „nachhaltige Kapitalmarkt" – insbesondere in Spanien und Österreich erfreuen sich ethische Investments größter Beliebtheit 183.

Nachhaltigkeitsindizes bieten Anlegern die Möglichkeit, die Performance von nachhaltig wirtschaftenden Unternehmen im Vergleich (z. B. mit dem ATX) zu betrachten. Der **VÖNIX** (VBV-Österreichischer Nachhaltigkeitsindex) ist ein „Aktienindex, bestehend aus jenen börsennotierten österreichischen Unternehmen, die hinsichtlich sozialer und ökologischer Leistung führend sind. Träger des VÖNIX ist die VBV-Pensionskasse AG bzw. die VINIS GmbH". Derzeit sind 27 Titel im Index vertreten, die nach ca. 100 Umwelt- und Sozialkriterien analysiert wurden 184. Inzwischen bieten die meisten Investment-Banken Fonds an, die neben Profit auch auf Werte setzen. Diese **Ethik- oder Nachhaltigkeitsfonds** arbeiten zumeist mit Ausschlusskriterien, wobei etwa Unternehmen, die Kinder beschäftigen, oder Branchen, wie die Rüstungsindustrie oder Atomenergie, aus der Wahl ausgeschlossen werden können. Der **OeSFX (Österreichische Kontrollbank Sustainability Fund Index)** ist ein Fonds Index, der die Wertentwicklung des Gesamtmarktes der in Österreich zugelassenen ökologischen und nachhaltigen Aktienfonds beschreibt. Der vom ABCSD mitentwickelte Index beinhaltet 30 der rund 50 in

182 www.oenwe.com (5.10.2006).

183 www.eurosif.org (10.10.2006).

184 www.voenix.at (5.10.2006).

Österreich zugelassenen Nachhaltigkeitsfonds, die international anerkannte Sozialstandards, wie die UN-Menschenrechtskonvention und die ILO-Standards, akzeptieren 185.

Auch die österreichische **Politik** hat den Diskurs um CSR aktiv aufgegriffen. Drei Bundesministerien sind den drei Säulen der Nachhaltigkeit entsprechend für das Thema zuständig (Bundesministerium für Wirtschaft und Arbeit, Bundesministerium für soziale Sicherheit, Generationen und Konsumentenschutz, Bundesministerium für Land- und Forstwirtschaft, Umwelt und Wasserwirtschaft). Im Jahr 2002 verabschiedete die Bundesregierung eine „Strategie zur nachhaltigen Entwicklung", der im Juni 2006 ein Fortschrittsbericht folgte 186. In der österreichischen Nachhaltigkeitsstrategie werden Handlungsfelder, Ziele und Ansatzpunkte für eine nachhaltigere Zukunft beschrieben. Schwerpunkte sind die Handlungsfelder Lebensqualität, Wirtschaftsstandort, Lebensraum und Österreichs Verantwortung in Europa und der ganzen Welt. Seit 2002 wurden mehr als 280 Projekte und Initiativen konzipiert und beschlossen, mehr als drei Viertel davon sind bereits in Umsetzung 187.

Auf der Seite der **Zivilgesellschaft** ist vor allem **Netzwerk soziale Verantwortung (NeSoVe)** zu nennen. Dabei handelt es sich um einen Zusammenschluss von Arbeitnehmervertretern (AK, ÖGB, GPA) und NGOs (z. B. Amnesty International, Greenpeace und ZARA), die den Diskurs um die soziale Verantwortung von Unternehmen nicht allein der Wirtschaft überlassen wollen. Der im Frühjahr 2006 gegründete Verein möchte eine Informations- und Kommunikationsdrehscheibe schaffen und neue Wege bei der Unterstützung, Begleitung und Organisation des Monitoring von Unternehmensaktivitäten sowie bei der Entwicklung und Umsetzung von Projektideen einleiten. Im Gegensatz zu den auf Freiwilligkeit beruhenden Initiativen, wie respACT, for-

185
www.oesfx.at (6.10.2006), http://www.konsument.at/konsument/detail-23926.htm (6.10.2006).

186
Mesicek (2006), S. 30.

187
www.nachhaltigkeit.at (13.10.2006).

dert das NeSoVe verbindliche Standards für CSR, die als transparente, sozial, ökonomisch und ökologisch nachhaltige und diskriminierungsfreie Unternehmensführungen verstanden werden 188.

Gemeinsam von Wirtschaft und NPOs wird seit 2004 der **TRIGOS**-Preis an Unternehmen vergeben, die sich durch ihr vorbildliches wirtschaftsethisches Verhalten auszeichnen. Die Initiatoren der Preisverleihung, zu denen u. a. die Caritas, das Österreichische Rote Kreuz, die Industriellenvereinigung und die Wirtschaftskammer Österreich zählen, werden von respACT, den drei „CSR-Bundesministerien" und einer Reihe von Unternehmen unterstützt. Eine unabhängige Jury aus Vertretern der Trägerorganisationen sowie Experten aus Wissenschaft und Wirtschaft vergibt je an ein großes, mittleres und kleines Unternehmen Preise für deren Projekte in den Kategorien „Gesellschaft", „Arbeitsplatz" und „Markt" 189.

Einen anderen Ansatz verfolgt der **„Responsible Manager of the Year-Award"**, der erstmals 2005 im Rahmen der i.con Messe vergeben wurde. Von Gewerkschaft und Betriebsräten initiert, stellt dieser nicht einzelne Projekte, sondern die Person des Managers in den Vordergrund 190.

188
http://wien.arbeiterkammer.at/www-397-IP-27128-IPS-3.html (6.10.2006).

189
www.trigos.at (10.10.2006).

190
Glocalist Magazine (2005), S. 8.

CORPORATE SOCIAL RESPONSIBILITY IN DER PRAXIS

Eine im Jahr 2003 durchgeführte **Untersuchung unter 243 österreichischen Unternehmen** im Auftrag der Initiative CSR Austria ergab, dass 75 % der Unternehmen ein **unternehmensspezifisches Wertesystem** haben, das zumeist in Leitbildern, Visionen oder Mission-Statements dokumentiert wird. Mit den internen Wertsystemen soll v. a. die eigene Unternehmenskultur gestärkt werden. Zahlreiche Aktivitäten des gesellschaftlich verantwortlichen Handelns wollen die Unternehmen in die Praxis umsetzten. Am häufigsten möchten diese eine Vorbildfunktion für ihre Mitarbeiter einnehmen und sich durch die Gleichbehandlung von Mitarbeitern und ein faires Gehaltssystem auszeichnen. Ehrlichkeit, Zuverlässigkeit und Verantwortung zählen zu den Unternehmenswerten, denen am meisten Bedeutung beigemessen wird.

Im Bereich der **mitarbeiterorientierten Maßnahmen** wurden Weiterbildungsangebote sowie Maßnahmen zur Schaffung und zum Erhalt von Arbeitsplätzen eruiert: Zwei Drittel der befragten Unternehmen bilden regelmäßig Lehrlinge aus, knapp ebenso viele beziehen ihre Mitarbeiter bei Umstrukturierungen ein. Bei der Hälfte der befragten Unternehmen werden Kündigungen durch alternative Lösungen vermieden. Vor allem in den großen und mittleren Unternehmen ist die Schulung von Mitarbeitern aller Organisationsebenen weit verbreitet (66 %). In Kleinunternehmen trifft dies nur auf ein knappes Drittel zu.

Wenig Aufmerksamkeit wird den Programmen zur Frauenförderung, den kinderorientierten Angeboten, der Beseitigung von Diskriminierung sowie der Selektion von Lieferanten geschenkt. Die soziale Verantwortung sollte jedoch entlang der gesamten Wertschöpfungskette, also auch bei der **Wahl der Lieferanten**, wahrgenommen werden. Die Untersuchung zeigte, dass Selektion nach der Wertorientierung der Lieferanten v. a. für jene Unternehmen von Bedeutung ist, die sich gegenüber ihren Kunden (92 %) und gegenüber der Öffentlichkeit (15 % der befragten Unternehmen) verpflichtet fühlen. Dabei spielt das Qualitätsmanagement des Lieferanten die größte Rolle (84 %), gefolgt von den Kriterien des Gesundheits- und Sicherheitsstandards (66 %), keine Kinderarbeit (44 %) und Umweltengagement (38 %).

Im Bereich des **Corporate Citizenship** (CC) sind 97 % der befragten Unternehmen aktiv. Am häufigsten werden gemeinnützige Einrichtungen im Gesundheits- und Sozialbereich, zumeist in Form von Geld- und Sachspenden (93 % bzw. 85 %) und Sponsoringvereinbarungen (68 %), unterstützt. Die Freistellung von Personal im Sinne des Corporate Volunteering spielt eine ungleich geringere Rolle (58 %). Drei Viertel der befragten Unternehmen geben an, gemeinnützige Einrichtungen aus ethisch-moralischen Überzeugungen zu unterstützen. Die am häufigsten genannten **Hindernisse** sind das Fehlen finanzieller Ressourcen, ein zu geringer oder unklarer Nutzen sowie ein zu hoher Aufwand für CC-Aktivitäten. Die Absetzbarkeit von Spenden und eine bessere finanzielle Lage würden jedoch eine verstärkte Unterstützung gemeinnütziger Einrichtungen ermöglichen.

Damit diese Form der gesellschaftlichen Verantwortungsübernahme auch für Unternehmen Vorteile bringen kann, müssen die CC-Aktivitäten an der Unternehmensstrategie ausgerichtet sein. Allerdings sind diese in nur 14 % der Fälle der strategischen Unternehmensplanung integriert. Die Autoren der Studie betonen daher die Notwendigkeit, das Bewusstsein der Unternehmer für die Vorteile strategischer CC-Planung zu schärfen [191].

Die Gegenüberstellung der angeführten Ergebnisse mit einer Untersuchung von Corporate Citizenship-Aktivitäten **aus der Sicht sozialer Dienstleister** bekräftigt die Annahme, dass CC-Aktivitäten nur selten Teil der Unternehmensstrategie sind. Die Zusammenarbeit der von Pomper (2003) untersuchten Sozialorganisationen mit Unternehmen beschränkt sich zumeist auf **Geld- und Sachspenden**; intensive strategische Kooperationen sind hingegen kaum anzutreffen. Obwohl die Sozialorganisationen die Vorteile solcher Kooperationen erkannt haben, scheint die Umsetzung v. a. aus zweierlei Gründen zu scheitern: Einerseits beklagen die meisten Sozialorganisationen das **fehlende Interesse der Unternehmen**, von Unternehmensseite wird wiederum die **mangelnde Professionalität des Auftritts** kritisiert. Ein möglicher Grund hierfür sind die **knappen**

191 Deuerlein et al. (2003). S. 25ff.

Ressourcen der Sozialorganisationen. Anstatt finanzielle und zeitliche Ressourcen in die Anbahnung und Vorbereitung potentieller Kooperationen zu investieren, bevorzugen viele Organisationen, sich auf die Wahrnehmung ihrer Kernaufgaben zu konzentrieren.

Hervorzuheben ist weiters, welchem Aspekt der Unternehmenskooperationen die befragten Organisationen die größte Bedeutung beimessen. Nicht der Finanzierungsaspekt, sondern die Möglichkeit, eigene Inhalte in die Unternehmenswelt zu transportieren und das Interesse für die eigene Arbeit beim Kooperationspartner zu wecken, stehen für den Großteil der Sozialorganisationen im Vordergrund. Corporate Volunteering – die Kooperationsform, die eine solche **Sensibilisierung** am ehesten ermöglicht – findet jedoch bislang kaum Anwendung [192].

192
Pomper (2003), S. 18ff.

KOOPERATIONEN MIT UNTERNEHMEN AUS NPO-SICHT

Auch zahlreiche der befragten NPOs verfolgen mit ihren Firmenkooperationen den Zweck, ihre **Anliegen und Ziele in die Unternehmen hineinzutragen**. Unternehmen könnten als Multiplikator für das jeweilige Thema wirken und zudem die eigene Organisation bekannter machen (Interviews 7, 11, 16, 17).

Insbesondere der Austausch zwischen den beiden Sektoren wird dabei als befruchtend empfunden. Corporate Volunteering ist zwar noch selten, dafür allerdings sehr erfolgreich, meinte eine Interviewpartnerin, die bereits eine Projektmitarbeiterin über „Vernetze Welten" rekrutierte. Beide Seiten können voneinander lernen und das Verständnis füreinander werde gefördert. Besonders hilfreich sei dieses Verständnis, da man bei der Suche nach Kooperationspartnern eine andere Gesprächsbasis habe. Eine **Begegnung auf gleicher Augenhöhe** ist für viele Befragte eine wesentliche Voraussetzung für Kooperationen. Man wolle nicht als Bittsteller, sondern als gleichberechtigter

Partner wahrgenommen werden, schließlich habe man selbst einiges zu bieten. So wie NPOs viel von Unternehmen lernen können, gebe es viele Dinge, die man in NPOs lernen und in Wirtschaftunternehmen einbringen kann (Interview 9).

Ob Personalaustausch, Sponsoring oder eine andere Kooperationsform – als problematisch wird vor allem die **Wahl des geeigneten Kooperationspartners** empfunden. Kooperationen einzugehen ist auch eine Frage der Haltung. „Wir gehen Kooperationen nicht um jeden Preis ein", meint Erika Tschofönig von Licht für die Welt. „Als NPO muss man aufpassen, dass man nicht instrumentalisiert wird. Es ist wichtig, gleichberechtigter Partner zu sein, so dass sich sowohl für Wirtschaftsbetriebe als auch NGOs eine „Win-Win"-Situation ergibt!"

Solange es keine Einmischung in die Inhalte gebe, sehen manche Befragte kein Risiko (Interview 16). Andere bewerten hingegen die Gefahr, als gekauft abgestempelt zu werden, als sehr groß (Interview 5). Der Spielraum sei sehr klein und eine Kooperation mit Unternehmen einzugehen, die nicht den eigenen, nach außen transportierten Werten entsprechen, würde langfristig nur schaden (Interview 2). Daher haben zahlreiche Organisationen Ampel-Systeme, Kriterienkataloge oder „Blacklists" entworfen, die bei der Entscheidung für oder wider einen Sponsor oder Kooperationspartner unterstützen sollen (Interviews 1, 2, 7, 9). Andere Organisationen – großteils **„Pressure Groups"** – nehmen, um ihre eigene Unabhängigkeit zu wahren, grundsätzlich keine Gelder von Unternehmen (Interviews 8, 11, 13).

Der Großteil der befragten NPOs erhält finanzielle Unterstützung von Unternehmen in Form von **Spenden oder Sponsoring**. Vor allem im Bereich der Veranstaltungen bieten sich Sponsoringvereinbarungen an, die als Gegenleistung für Unternehmen die Platzierung von Logos auf Einladungen oder Plakaten vorsehen. Aber auch Sachspenden sind für Veranstaltungen eine willkommene Unterstützung (Interviews 5, 15, 18).

Event-Sponsoring ist vor allem für Organisationen wichtig, die aufgrund ihres Themas Schwierigkeiten haben, langfristige Unterstützer zu finden. Politische Themen, Aids oder Gewalt lassen sich nun einmal nicht so gut verkaufen, wie Kinder und Tierschutz, bemerken einige Interviewpartner. Eine einmalige finanzielle Unterstützung für eine Veranstaltung ist hingegen weniger verfänglich. Zudem steht dabei weniger das negativ besetzte Thema, sondern vielmehr das Charity-Event im Vordergrund.

Der Sponsoringmarkt sei allerdings heiß umkämpft, so eine Befragte im Fundraising, und die Erwartungen der Unternehmen haben sich sehr stark verändert. Da Spenden noch immer nicht steuerlich absetzbar sind, würden die Sponsoren inzwischen ein auslaboriertes Sponsoringkonzept sowie konkrete Gegenleistungen verlangen, die es den Unternehmen ermöglichen, ihren Beitrag (als Werbemaßnahme) steuerlich wirksam zu machen (Interview 18).

Für Unternehmen stehe weiterhin der Werbeaspekt und der positive Imagetransfer im Vordergrund, meint Edith Heller von den Roten Nasen. „Unternehmen wollen eine Gegenleistung für ihre Unterstützung, sie sind noch nicht so weit, dass sie den ‚CSR-Geist' mittragen. In den großen ‚Multis' ist der schon verankert, bei KMUs steckt CSR noch in den Kinderschuhen", beschreibt sie ihre Erfahrungen mit Unternehmenskooperationen. Als aktive Partner mit Kompetenzen in Fragen der sozialen Verantwortung werden NPOs hingegen kaum wahrgenommen.

Auch Backhaus-Maul (2006) merkt an, dass Staat, Bürger und Zivilgesellschaft in der CSR-Debatte wie Fremdkörper wirken und von Unternehmen zu wenig einbezogen werden. In der Praxis würden Betriebe Unternehmensmonologe führen, anstatt die Potentiale eines Dialogs mit den Stakeholdern auszuschöpfen [193].

193 Backhaus-Maul (2006), S. 33ff.

Diese Aussagen bekräftigen die Ergebnisse der Untersuchung von Pomper (2003): Langfristige und inhaltliche Kooperationen sind seltener, meist werden NPOs durch Spenden und Sponsoring unterstützt. Dass Unternehmen soziale Verantwortung allzu oft in vereinzelten Maßnahmen und zu selten im Rahmen eines Gesamtkonzeptes wahrnehmen, wird oft von NGO-Seite kritisiert: Einzelne Spendenaktionen oder Sozialprojekte werden ins Rampenlicht gerückt, während andere wesentliche Aspekte der Verantwortung unberücksichtigt bleiben.

CORPORATE SOCIAL RESPONSIBILITY KRITISCH BETRACHTET

CSR muss ein **ganzheitliches Konzept** sein, das alle Unternehmensbereiche umfasst. Es muss am Kerngeschäft des Unternehmens ansetzen und das gesamte Umfeld miteinschließen. In der Kommunikations- oder Marketingabteilung angesiedelt, führe es zur Produktion einer Hochglanzbroschüre, in der die eigenen Erfolge gepriesen werden, ohne auf bestehende Mängel einzugehen, meint dazu z. B. ein Vertreter einer Menschenrechtsorganisation (Interview 11). CSR darf **kein Ablenkungsmanöver** sein: Erfolge im Bereich der Abfallwirtschaft im Nachhaltigkeitsbericht sind erfreulich, können aber mangelhafte Arbeitsbedingungen nicht ausgleichen. Genauso wenig können Spenden für Entwicklungsprojekte Menschenrechtsverletzungen von Zulieferbetrieben entschuldigen.

Daher fordern zahlreiche Kritiker, wie etwa die Plattform NeSoVe, Abstand von dem Prinzip der Freiwilligkeit zu nehmen und **verpflichtende Standards** einzuführen. Denn sonst droht der selektiv übernommenen Verantwortung, wie ein PR-Gag wahrgenommen zu werden, der ausschließlich dazu dient, das eigene „Image aufzupolieren". Ernst genommene Verantwortung, betont GPA-Geschäftsführerin Dwora Stein, geht Verpflichtungen ein, sorgt für Transparenz und bezieht Arbeitnehmer mit ein [194]. Solange die Maßnahmen unverbindlich sind und keinerlei Kontrollen durchgeführt werden, stehen viele dem Konzept CSR sehr kritisch gegenüber.

194 Stein (2005), S. 15.

Daher fordern einige Interviewpartner, eine **stärkere Rolle des Staates**. Die Wirtschaft dürfe die Politik nicht aus der Verantwortung ziehen, der Aspekt der staatlichen Verantwortung sei in der CSR-Debatte völlig vernachlässigt (Interviews 9, 11). Aufgabe der Politik sei nicht nur die Allgemeinheit für das Thema zu sensibilisieren und den Dialog in der Wirtschaft voranzutreiben, sondern auch gesetzliche Bestimmungen festzulegen, denn Rechenschaftspflicht kann nur von staatlicher Seite durchgesetzt werden.

Verpflichtende Standards setzen allerdings die Möglichkeit zur **Kontrolle** voraus. In einer globalisierten Welt, in der Unternehmen ihre Standorte problemlos in Länder verlagern können, wo Produktionsprozesse weniger strengen Regelungen unterliegen, kann eine Kontrolle allerdings nicht gewährleistet werden. Derzeit gibt es keine Organisation, die weltweite soziale und ökologische Regelungen verabschieden und überprüfen kann. Ein einheitliches und geschlossenes Rechtsystem zu entwerfen ist eine Utopie, wenn man bedenkt, dass vor allem Schwellenländern die niedrigeren arbeitsrechtlichen und ökologischen Standards nützen, um ausländische Investoren anzulocken. Die dortigen gesetzlichen Bestimmungen den unseren anzugleichen, würde Länder, wie Indien, in ihrer wirtschaftlichen Entwicklung weit zurückwerfen. Strenge gesetzliche Bestimmungen könnten sich diese schlichtweg nicht leisten.

Christian March von Amnesty International beschäftigt sich eingehend mit sozialer Verantwortung – auch innerhalb der eigenen Organisation: CSR „sollte eigentlich organizational social responsibility heißen, weil auch NPOs sich angesprochen fühlen sollten." Das Thema fairer Arbeitgeber und der eigene Umgang mit Diskriminierung etwa seien in NPOs mindestens genauso wichtig.

Andrea Schober von attac steht dem Konzept CSR sehr kritisch gegenüber: „Ein Konzern muss sich nicht um alles kümmern. Es ist besser, wenn es klare Grenzen gibt und jeder im Spiel seine Rolle spielt", meint die Globalisierungsgegnerin. Die eigentliche Verantwortung von Unternehmen ist die Profitmaximierung, bekräftigen auch Kritiker auf Wirtschaftsseite. „**The business of business is doing business**" [195], soll schon der Ökonom Milton Friedman gesagt haben. Unternehmen tragen genug zum Wohle der Gesellschaft bei, indem sie Arbeitsplätze schaffen und Steuern zahlen. Ob das Gewinnstreben der Eigentümer mit den Interessen der Stakeholder kollidiert, hängt letztlich von den Präferenzen und dem Zeithorizont der Eigentümer ab, entgegnet Horn (2006): „Wenn diese auf Gewinne aus sind und ihr Horizont unbeschränkt ist, liegt es im selbstverständlichen Business-Interesse, Kunden, Mitarbeiter und Lieferanten zu pflegen sowie in künftige Absatzmöglichkeiten, ins eigene Image, in Rekrutierungsreservoirs und Zulieferbeziehungen zu investieren. Ihre Verantwortung für Dritte leitet sich dann aus einem langfristigen unternehmerischen Interesse ab – statt dieses nur künstlich zu ergänzen" [196].

Verpflichtende Standards, seien gar nicht notwendig, meint auch der Zukunftsphilosoph Giger (2005), da Unternehmer in zunehmendem Maße erkennen, dass **Konsumenten** bei ihrer Kaufentscheidung nicht nur die reinen Produktmerkmale betrachten, sondern auch Herstellungsprozesse und deren Auswirkungen auf die Gesellschaft berücksichtigen. Konsumenten haben durchaus die Macht, durch ihr Kaufverhalten die Einhaltung von Arbeits- und Umweltstandards zu fördern. Wenn genug Nachfrage für nachhaltig produzierte Güter besteht, muss auch das Angebot dafür steigen. Je weniger sich die Produkte von Konkur-

195
http://en.wikiquote.org/wiki/Milton_Friedman (11.10.2006).

196
Horn (2006), S. 11.

renten voneinander unterscheiden, umso eher werden die Werte des Unternehmens zu einem Unterscheidungsmerkmal. Ein kluger Unternehmer wird nicht aus moralischen Überlegungen, sondern aus purem **Eigennutz** auf Werte setzen, folgert Giger: „Wer heute schon auf die wachsende Konsumentengruppe setzt, der Werte wie die Menschenrechte etwas wert sind, steigt in einen Wertschöpfungsprozess ein, der aus immateriellen Werten materielle Werte schafft. Dieses, ganz auf Eigennutz beruhende Wertschöpfungsprinzip, wird die wahre Alchemie der Zukunft“ 197.

197
Giger (2005), S. 21.

In diesem Wertschöpfungsprozess gilt es, **Stakeholder** miteinzubeziehen und alle Schritte im Produktionsprozess in Hinblick auf ihre ökonomische, ökologische und soziale Nachhaltigkeit zu prüfen. Kritische Stimmen aus der Zivilgesellschaft können hier nützlich sein, um die eigenen Mängel aufzudecken und Verbesserungen vorzunehmen. Ein proaktiver und offener Stakeholderdialog kann für Unternehmen somit auch ein **Innovationspotential** darstellen.

Stefan Wallner von der Caritas erwartet, dass „der stärkere Stellenwert von CSR [...] auch dazu führen [wird], dass mehr Leute vom Nonprofit- in den Profit-Sektor wechseln, weil sie das nötige Know-how mitbringen“. Zur Umsetzung von CSR-Maßnahmen werden in Zukunft Menschen, die sich Kompetenzen in Bereichen, wie Ökologie, Menschenrechte und Gesundheit erarbeitet haben, verstärkt in der Unternehmenswelt gefragt sein. Eine zunehmende **personelle Durchlässigkeit vom Nonprofit in den Profit-Sektor** ist somit abzusehen.

RESÜMEE

Der **Nonprofit-Sektor** bietet vielschichtige Möglichkeiten für bürgerschaftliches Engagement. Denn NPOs sind Wertegemeinschaften, die über ein hohes gesellschaftliches Integrationspotential verfügen. Ihre Aufgaben sind vielfältig: Als Sensor und Sprachrohr für gesellschaftliche Probleme nehmen sie eine Kontrollfunktion gegenüber dem Staat wahr und beeinflussen durch Kampagnen und Lobbying politische Entscheidungen. Als Ergänzung zu Staat und Markt erbringen sie soziale Leistungen, die dem Gemeinwohl dienen und übernehmen damit selbst wohlfahrtsstaatliche Aufgaben.

Um die **Transparenz des Nonprofit-Arbeitsmarktes** zu erhöhen, wurde zunächst ein Blick auf die NPO-Landschaft in Österreich geworfen. Zahlreiche Studien sprechen dem ein hohes Beschäftigungspotenzial zu. Bei der Untersuchung der Beschäftigungsstruktur sind vor allem zwei Aspekte bemerkenswert: Im Nonprofit-Sektor ist nicht nur die Akademikerquote besonders hoch – 49 % der männlichen bzw. 39 % der weiblichen Mitarbeiter verfügen über einen Hochschulabschluss – auch der Frauenanteil von knapp 70 % ist auffallend hoch.

Die Studienergebnisse beziehen sich auf empirisches Material aus 20 qualitativen Interviews mit Entscheidungsträgern von Nonprofit-Organisationen der Bereiche Soziales, Gesundheit, Internationale Aktivitäten und Umwelt, sowie mit Vertretern des Sektors.

EINSTIEG UND RECRUITING

Zunächst wurde die Praxis der **Personalsuche und -auswahl** von NPOs untersucht. Der Nonprofit-Arbeitsmarkt ist weitgehend intransparent. Viele Stellen werden nur intern oder auf der eigenen Homepage ausgeschrieben. Hier sind Interessenten angehalten, sich auf Eigeninitiative bei den einzelnen Organisationen zu informieren und sich auch ohne konkrete Jobangebote initiativ zu bewerben. Dies gilt besonders für die begehrten **Praktika**. Obwohl die meisten Praktika unbezahlt sind, ist die Nachfrage enorm. Viele Organisationen können sich angesichts zahlreicher (Blind-) Bewerbungen die besten Kandidaten aussuchen, die nicht selten bereits über Arbeitserfahrungen oder sogar über ein abgeschlossenes Studium verfügen. Eine Mindestdauer von drei bis sechs Monaten wird zudem vorausgesetzt, da der Aufwand der Einschulung und Betreuung erheblich ist. Andererseits können Praktikanten oft mit großer Eigenverantwortung an eigenen Projekten arbeiten und wertvolle Arbeitserfahrungen sammeln – schließlich sollen beide Seiten von dem Einsatz profitieren.

Undurchsichtig ist der NPO-Arbeitsmarkt auch, weil viele Organisationen ihre Mitarbeiter über bracheninterne Netzwerke rekrutieren. Zudem erfolgt der **Einstieg** häufig über informelle Wege. Persönliche Kontakte sowie Erfahrungen als Ehrenamtlicher oder Praktikant, die Mitarbeit im Rahmen der Diplomarbeit oder des Zivildiensts sind meist die ersten Schritte auf dem Weg zu einer fixen Anstellung. Bei der Ausschreibung von Leitungspositionen werden allerdings auch vermehrt Quereinsteiger aus der Privatwirtschaft ohne Erfahrungen im Nonprofit-Sektor eingestellt.

Fachliche Kompetenzen und ein abgeschlossenes Studium sind in vielen Bereichen Voraussetzung. Die Wahl des Studiums spielt oft eine untergeordnete Rolle. Gefragt sind vielseitige Universalisten mit Eigeninitiative und hohen Sozialkompetenzen.

BREITES SPEKTRUM AN BESCHÄFTIGUNGSFORMEN

Die **Finanzierung** einer NPO und ihre Abhängigkeit von einzelnen, oft unsicheren Geldquellen beschränken vielfach die Möglichkeiten einer NPO, den Beschäftigten einen sicheren Arbeitsplatz zu bieten. Denn die bezahlte Beschäftigung ist auch eine Frage der Leistbarkeit. Daher arbeiten zahlreiche Mitarbeiter im Sektor auf Basis **flexibler und kostengünstiger, atypischer Beschäftigungsverhältnisse** (Teilzeit, Werkvertrag, freier Dienstnehmer etc.). Diese ermöglichen zwar eine bessere Vereinbarkeit von Familie und Beruf, dennoch werden Flexibilität und Kostensenkungen zu Lasten verminderter sozialer Sicherheit erreicht. Gerade die prekären Arbeitsverhältnisse und die Unterbezahlung der Mitarbeiter stehen jedoch im **Widerspruch** zu den oft karitativen und humanitären Organisationszielen. Andererseits können zu hohe Gehälter gegenüber Spendern und Förderern nicht gerechtfertigt werden. Insbesondere der Einstieg in den Nonprofit-Arbeitsmarkt erfolgt oft über unbezahlte Praktika – eine soziale Selektion jener Studenten und Absolventen, die sich anderweitig finanzieren können.

DIE ANZIEHUNGSKRAFT VON NONPROFIT-ORGANISATIONEN

Trotz dieser Unsicherheiten erfreut sich der NPO-Sektor großer Beliebtheit. Mitarbeiter nehmen bewusst Gehaltseinbußen in Kauf und entscheiden sich für eine berufliche Tätigkeit im „Dienst der Sache". Kompensiert wird der „NPO-Abschlag" durch die Sinnhaftigkeit der Aufgabe. Die Identifikation mit den Zielen und Werten der Organisation und ein 100 %iger Einsatz werden in vielen NPOs erwartet. Denn **Idealismus und Engagement** sind wesentliche Merkmale der Arbeit in NPOs. Die hohe Identifikation mit den organisationspezifischen Grundsätzen ermöglicht den Mitarbeitern auch ihre Authentizität zu wahren und sich selbst zu verwirklichen. Gleichzeitig besteht das Risiko, die eigenen Grenzen zu überschreiten: Mangelnde Distanz verleitet zur Selbstausbeutung und führt dazu, dass Berufs- und Privatperson verschmelzen. Die Fähigkeit sich persönlich **abzugrenzen** ist daher Voraussetzung für eine Tätigkeit in einer karitativen oder humanitären Organisation.

Viele NPO-Mitarbeiter schätzen die wertvolle Kommunikationskultur und zahlreichen Möglichkeiten sich inhaltlich einzubringen. Die **Partizipation** der Mitarbeiter und ihre **größere Freiheit** bei der Mitgestaltung von Projekten bedingt allerdings auch ein höheres Maß an **Eigenverantwortung.** Gesucht werden daher Gestalter statt Verwalter – Menschen, die bereit sind, sich selbst Wissen anzueignen, selbstständig zu arbeiten und Verantwortung zu übernehmen.

PROFESSIONELLE ARBEITSWEISE

Der „**Mythos NPO**" ist korrekturbedürftig; Idealismus und **Professionalität** sind längst kein Widerspruch (mehr). Nicht selbstaufopfernde Sozialromantiker, sondern professionell arbeitende Menschen mit wirtschaftlichem Grundverständnis sind gefragt. Die Mehrheit der befragten Organisationen hat längst Abstand von dem Vorurteil genommen, dass **wirtschaftliches Denken** die ideellen Ziele der NPO gefährden könnte.

Immer mehr Organisationen arbeiten mit hauptamtlichem Personal – eine „Verberuflichung" des Sektors zeichnet sich ab. **Strukturen und Managementmodelle aus der Unternehmenswelt** werden zunehmend im NPO-Bereich angewendet, wodurch immer mehr Mitarbeiter aus der Privatwirtschaft auch in NPOs gefragt sind. Die Professionalisierung des Sektors fördert somit zunehmend den **Umstieg** von der Privatwirtschaft in den Dritten Sektor. Die Quereinsteiger verstärken die Professionalisierung und bringen nicht selten auch Phasen der Umstrukturierung und Konsolidierung der Organisation.

Eine **personelle Durchlässigkeit** zwischen den beiden Sektoren zeichnet sich auch in der anderen Richtung ab. NPO-Mitarbeiter wechseln in die Privatwirtschaft, da **flache Hierarchien** im NPO-Sektor stets auch mit eingeschränkten Aufstiegsmöglichkeiten verbunden sind. Am

Karriereplafond angelangt, ist ein weiterer Aufstieg erst durch den Wechsel in ein Wirtschaftsunternehmen möglich.

RAHMENBEDINGUNGEN UND HERAUSFORDERUNGEN

Als häufigste **Rechtsform** im Sektor spielt der Verein eine große Rolle. Denn die Wahl der Rechtsform beeinflusst auch die Rahmenbedingungen für die Tätigkeit einer NPO. Die **Besonderheiten des Vereins** – der ehrenamtliche Vorstand und die starke Mitsprache der Mitglieder – haben auch Auswirkungen auf die Beschäftigten selbst. Die Entscheidungsfindung ist in Organisationen, die stark an ihren Mitgliedern orientiert sind und diesen weitreichende Mitbestimmungs- und Entscheidungsrechte einräumen, oft viel schwieriger. Zudem wird die arbeitsrechtliche **Rollenverteilung zwischen Arbeitsgeber und -nehmer** „aufgeweicht", wenn bezahlte Mitarbeiter zugleich Mitglieder der Organisation sind und somit ihren eigenen Arbeitgeber, den Vorstand, wählen.

Insbesondere das **Nebeneinander von haupt- und ehrenamtlichen Mitarbeitern** ist für viele Vereine eine Herausforderung. Ehrenamtliche bedürfen anderer Anreize, da herkömmliche Motive, wie Gehalt und Aufstiegschancen, nicht gelten. Hauptamtliche fühlen sich mitunter auch durch die kostengünstigeren freiwilligen Mitarbeiter unter Druck gesetzt. Die Bedeutung einer klaren inhaltlichen wie organisatorischen Trennung von Haupt- und Ehrenamtlichen wird daher zunehmend anerkannt.

Trotz dieser Herausforderungen ist die Arbeit mit **Ehrenamtlichen** für viele NPOs existenzsichernd, denn die Freiwilligen stellen eine wesentliche Personalressource dar. Auch ein Ehrenamtlicher kann von seinem Engagement profitieren. Die freiwillige Mitarbeit für einen gemeinnützigen Verein führt nicht nur Wettbewerbsvorteile auf der Suche nach einem Job im NPO-Sektor – ehrenamtliches

Engagement ist auch bei Arbeitgebern in der Profitwelt gefragt, denn es lässt auf soziale Kompetenzen und Führungsqualitäten schließen.

KOOPERATIONEN MIT DER WIRTSCHAFT AUS NPO-SICHT

Der Rückgang von Subventionen und die steigende Konkurrenz um Spendengelder zwingt NPOs zunehmend dazu, **neue Einkommensquellen** zu erschließen. Immer mehr Organisationen arbeiten mit Wirtschaftsunternehmen zusammen, am häufigsten in Form von Sponsoringvereinbarungen. Nicht nur die finanzielle Unterstützung, sondern auch die Möglichkeit, eigene Inhalte in die Unternehmenswelt zu transportieren und das Interesse für die eigene Arbeit beim Kooperationspartner zu wecken, ist NPOs wichtig.

Kooperationen einzugehen ist auch eine Frage der **Haltung.** Viele NPOs sehen sich nicht als Bittsteller, die Vereinbarungen um jeden Preis treffen. Voraussetzung für eine Zusammenarbeit ist ein Dialog zwischen gleichberechtigten Partnern. Insbesondere die Wahl des geeigneten Kooperationspartners wird als problematisch gesehen, denn beide Seiten müssen sich mit den Inhalten und Arbeitsweisen des Kooperationspartners identifizieren können.

Gerade die aktuellen Diskussionen um die **gesellschaftliche Verantwortung von Unternehmen** haben den Boden für Kooperationen zwischen NPOs und Wirtschaftsunternehmen genährt. Zahlreiche Initiativen in Österreich beschäftigen sich mit der Thematik, zeigen Best Practice-Beispiele auf und vergeben Preise für hervorragende Corporate Social Responsibility (CSR)-Projekte. Von NPO-Seite werden diese Bestrebungen jedoch auch kritisch betrachtet.

CSR wird oft als Ablasshandel, PR-Effekt oder Ablenkungsmanöver bezeichnet. Damit CSR ein **ganzheitliches Konzept** ist, müssen alle Stakeholder – auch NPOs und insbesondere die Kritiker - miteinbezogen werden. Einige Nonprofit-Organisationen wollen den CSR-Diskurs mitgestalten, denn sie sehen sich gleichermaßen angesprochen, für die eigene Organisation soziale Verantwortung zu übernehmen.

Zudem können NPOs mit ihren **Kompetenzen in den Bereichen sozialer und ökologischer Nachhaltigkeit** viel zur Entwicklung von CSR-Strategien in Unternehmen beitragen. Langfristig wird Know-how aus Nonprofit-Bereichen, wie Umwelt und Menschenrechte, zur Umsetzung von CSR-Projekten auch innerhalb der Unternehmen von Interesse sein. Im CSR-Bereich erschließen sich damit neue Arbeitsfelder mit Innovationspotential für den Arbeitsmarkt.

INTERVIEWPARTNER

Austrian Development Agency (Dr. Rudolf Holzer)

Amnesty International (Mag. Christian March)

Aids Hilfe Wien (Dr. Gerhard Klein)

Autonome Österreichische Frauenhäuser (Mag. Maria Rösselhumer)

Ärzte ohne Grenzen (Hr. Walter Voitl)

Attac (Fr. Andrea Schober)

care Österreich (Mag. Ulrike Schelander)

Caritas Österreich (Mag. Stefan Wallner)

Fairtrade (Mag. Georg Gruber)

Greenpeace in Central & Eastern Europe (Fr. Sonja Richter)

Horizont3000 (Dr. Petra Kreinecker)

Hilfswerk Austria (Dr. Heidi Burkhart)

Interessensgemeinschaft Österreichischer Gemeinnütziger Vereine (Mag. Dieter Hernegger)

Licht für die Welt (Mag. Erika Tschofönig)

Österreichisches Hilfswerk (Mag. Walter Marschitz)

Österreichisches Rotes Kreuz (Mag. Erika Hintermayr)

Paulo Freire Zentrum (Dr. Gerald Faschingeder)

Rote Nasen (Mag. Edith Heller)

SOS Mitmensch (Mag. Sabine Zhang)

WWF Österreich (Mag. Karin Schweinegger)

QUELLENVERZEICHNIS

Albers, Georg (2000): Nonprofit-Organisationen und Zivilgesellschaft, in: Der deutsche Non-profit Sektor im gesellschaftlichen Wandel, Münsteraner Diskussionspapiere zum Nonprofit-Sektor, Nr. 3, Arbeitsstelle Aktive Bürgerschaft an der Westfälischen Wilhelms Universität Münster, S. 85–100.

Anastasiadis, Maria et al. (2004): Die Zukunft der Arbeit und ihr Ende. Analyse der Diagnose: „Der Dritte Sektor, unsere letzte, größte Hoffnung", aus: „Das Ende der Arbeit und ihre Zukunft" von Jeremy Rifkin in Hinblick auf transatlantische Übertragbarkeiten der gemeinten Vision, Graz.

Anastasiadis, Maria et al. (2003): Der Dritte Sektor in Wien – Zukunftsmarkt der Beschäftigung?, Wien.

Aßländer, Michael S. (2005): Die Würde des Menschen bleibt unantastbar – die Frage der Menschenrechte aus wirtschaftsethischer Sicht, in: Glocalist Magazine 01/2005, Wien, S. 22–24.

Backhaus-Maul, Holger (2006): Gesellschaftliche Verantwortung von Unternehmen in: Bundeszentrale für Politische Zeitgeschichte, APuZ 12/2006: Bürgerschaftliches Engagement, Bonn, S. 32-38.

Badelt, Christoph (Hrsg.) (2002): Der Nonprofit Sektor in Österreich, in: Handbuch der Nonprofit Organisation. Strukturen und Management, Stuttgart.

Betzelt, Sigrid und Rudolf Bauer (2000): Nonprofit-Organisationen als Arbeitgeber, Opladen.

Birkhölzer, Karl (2000): Das Dritte System als innovative Kraft: Versuch einer Funktionsbestimmung, in: Widerspruch, Heft 75, Bielefeld, S. 71–88.

Bundesgesetzblatt für die Republik Österreich (2002): 66. Bundesgesetz: Vereinsgesetz 2002 – VerG 2002, Wien.

Bundesgesetzblatt für die Republik Österreich (1961): 194. Bundesgesetz: Bundesabgabeordnung – BAO, Wien.

Dietrich Angelika (2001): Freiwillige vor! Ehrenamtliches Engagement während des Studiums zählt oft mehr als der beste Notendurchschnitt, in: DIE ZEIT 19/2006, Hamburg.

Deuerlein, Isabella et al. (2003): Die gesellschaftliche Verantwortung von Unternehmen. Eine Studie im Auftrag der Initiative CSR Austria, Wien.

Ettl, Mathias und Christian Nowotny (2002): Rechtliche Gestaltungsformen für NPOs, in: Handbuch der Nonprofit Organisation. Strukturen und Management, Stuttgart.

Europäische Kommission (2001): Grünbuch: Europäische Rahmenbedingungen für die Soziale Verantwortung der Unternehmen, Brüssel.

Evers, Adalbert (2004): Sektor und Spannungfeld. Zur Theorie und Politik des Dritten Sektors, Diskussionspapiere zum Nonprofit-Sektor, Nr. 27, Berlin.

Finis-Siegler, Beate (2001): NPOs ökonomisch betrachtet. Münsteraner Diskussionspapiere zum Nonprofit-Sektor, Nr. 15, Arbeitsstelle Aktive Bürgerschaft an der Westfälischen Wilhelms Universität Münster.

Frantz, Christiane (2005): Karriere in NGOs. Politik als Beruf jenseits der Parteien; Bürgergesellschaft und Demokratie, Band 22, Wiesbaden.

Giger, Andreas (2005): Eigennnutz statt Ethik. Warum es für die Menschenrechte bessere Möglichkeiten gibt als Wirtschaftsethik, in: Glocalist Magazine 01/2005, Wien, S. 19–21.

Glocalist Magazine (2005): Wirtschaftsethische Vereine. Es organisieren sich die Players am umkämpften Markt der Ethik, in: Glocalist Magazine 01/2005, Wien, S. 6–8.

Heitzmann, Karin (2000): Dimensionen, Strukturen und Bedeutung des Nonprofit Sektors. Eine theoretisch-konzeptionelle und empirische Analyse für Österreich, Wien.

Horn, Karen (2006): Unter dem Mantel der sozialen Verantwortung, in: Frankfurter Allgemeine Zeitung, 21.06.2006, Nr.141, Frankfurt, S. 11.

Kistler, Ernst und Thomas Rauschenbach (2001): Ehrenamt und Erwerbsarbeit – Forschungsfragen und Methodenprobleme, in: WSI Mittelungen 3/2001, Hans Böckler Stiftung, Frankfurt/Main, S. 151–156.

Mesicek, Roman (2006): Zusammenspiel von CSR und Politik, in: Glocalist Magazine 10/2006, Wien, S. 30.

Mesicek, Roman (2005): Moralisches Handeln als Investition für Unternehmen, in: Glocalist Magazine 01/2005, Wien, S. 17–18.

Nährlich, Stefan (1998): Was sind die und was bleibt von de Besonderheiten der Nonprofit-Organisationen? Eine ökonomische Betrachtung, in: Arbeitskreis Nonprofit-Organisationen (Hg.): Nonprofit-Organisationen im Wandel. Das Ende der Besonderheiten oder Besonderheiten ohne Ende?, Frankfurt/Main, S. 225–250.

Neumann, Sven (2004): Personal und Personalmanagement in NPO. Zur Bedeutung des Personals und der Ausgestaltung ihres Managements, Diskussionspapiere zum Nonprofit-Sektor, Nr. 25, Berlin.

Nuscheler, Franz (2005): Lern- und Arbeitsbuch Entwicklungspolitik, Bonn.

Ostermeier, Christian (2002): Einführung in die Grundlagen der Nonprofit-Forschung. Dokumentation und Analyse von Definitions- und Klassifikationsmodellen, Wien.

Österreichisches Rotes Kreuz (2006): „Das W!R-Gefühl – Aufgaben für die Gesellschaft von morgen", abrufbar auf: www.zivil.at (10.8.2006).

Pommerening, Thilo (2005): Gesellschaftliche Verantwortung von Unternehmen. Eine Abgrenzung der Konzepte Corporate Social Responsibility und Corporate Citizenship, abrufbar auf: http://www.worldone.de.tp
respACT austria (2006): News Sondernummer/Juli 2006, Wien.

Rückert-Johns, Jana (2000): Arbeitszeitflexibilisierung in Nonprofit-Organisationen, in: Der deutsche Nonprofit Sektor im gesellschaftlichen Wandel, Münsteraner Diskussionspapiere zum Nonprofit-Sektor, Nr. 3, Arbeitsstelle Aktive Bürgerschaft an der Westfälischen Wilhelms Universität Münster, S. 31–52.

Salomon, M. Lester, S. Wojciech Sokolowski und Regina List (2003): Global Civil Society. An overview, Baltimore.

Salomon, M. Lester (2001): Der Dritte Sektor im internationalen Vergleich – zusammenfassende Ergebnisse des Johns Hopkins Comparative Project, in: Priller E./Zimmer A. (Hg.): Der Dritte Sektor international. Mehr Markt – weniger Staat?, Hg. v. Wissenschaftszentrum Berlin für Sozialforschung, Berlin, S. 29–56.

Sauer, Klaudia (2000): Beschäftigung in Nonprofit-Organisationen – Ergebnisse einer Organisationsbefragung, in: Der deutsche Non-profit Sektor im gesellschaftlichen Wandel, Münsteraner Diskussionspapiere zum Nonprofit-Sektor, Nr. 3, Arbeitsstelle Aktive Bürgerschaft an der Westfälischen Wilhelms Universität Münster, S. 15–30.

Schaaf-Derichs, Carola (2001): Freiwilligenmanagement, Vortrag im Rahmen der 3. Sitzung des Arbeitskreises 2: Qualitätssicherung sowie Aus- und Fortbildung im Bereich der Freiwilligenarbeit des Österreichischen Nationalkomitees zum Internationalen Jahr der Freiwilligen, Wien.

Schober, Christian und Doris Schober (2004): Personalmanagement, Arbeitszufriedenheit und Motivation in Organisationen der Altenpflege und -betreuung, Wien.

Simsa, Ruth et al. (2004): NPOs im Sozialen Dienstleistungsbereich – Bedeutung, Rahmenbedingungen, Perspektiven, Institut für interdisziplinäre Nonprofit Forschung an der Wirtschaftsuniversität Wien.

Simsa, Ruth (2002): NPOs und die Gesellschaft: Eine vielschichtige und komplexe Beziehung – Soziologische Perspektiven, in: Handbuch der Nonprofit Organisation. Strukturen und Management, Stuttgart, S. 129–152.

Stein, Dwora (2005): Gesellschaftliche Verantwortung und Mitbestimmung sind unverzichtbar, in: Glocalist Magazine 01/2005, Wien, S. 15–16.

UNIPORT (2006): Ergebnisse der Online-Umfrage: Berufswunsch NPO, Wien.
Zimmer, Annette und Matthias Freise (2003): Personalmanagement in Nonprofit-Organisationen, in: Wilfried Lange und Uwe Hunger (Hg.): Wohlfahrtsverbände im Wandel. Qualitätsmanagement und Professionalisierung, Münster: Civil Society Network.

Zimmer, Annette und Eckard Priller (2006): Dritter Sektor: Arbeit als Engagement, in: Bundeszentrale für Politische Zeitgeschichte, APuZ 12/2006: Bürgerschaftliches Engagement, Bonn, S. 17–24.

Zimmer, Annette und Eckard Priller (2002): Der Dritte Sektor in Deutschland – seine Perspektiven im neuen Millennium, Münsteraner Diskussionspapiere zum Nonprofit-Sektor, Nr. 10, Arbeitsstelle Aktive Bürgerschaft an der Westfälischen Wilhelms Universität Münster.

INTERNETQUELLEN

Arbeiterkammer Wien: http://wien.arbeiterkammer.at

Austrian Business Council for Sustainable Development: www.abcsd.at

Austrian Businesss Academy for Sustainable Development (ASD): www.asd.at

Brückenschlag: www.brückenschlag.org

BV Österreichischer Nachhaltigkeitsindex (VÖNIX): www.voenix.at

corporAID: www.corporaid.at

CSR Austria: www.csr-austria.at

Das österreichische Netzwerk Wirtschaftsethik: http://www.oenwe.com/

European Social Invest Forum (Eurosif): www.eurosif.org

Freiwilligenweb: www.freiwilligenweb.at

Glocalist Medien: www.glocalist.org

International Organisation for Standardization: www.iso.org

Konsument: www.konsument.at

NPO- Akademie: www.npo-akademie.at

OeKB Sustainability Fund Index: www.oesfx.at

Österreichisches Institut für Nachhaltigkeit: http://dyn.boku.ac.at/oin/cont01.htm

Österreichisches Normungsintitut: www.on-norm.at

Österreichs Portal für nachhaltige Entwicklung: www.nachhaltigkeit.at

respACT austria www.respact.at

Statistik Austria: www.statistik-austria.at

TRIGOS: www.trigos.at

UN Global Compact:

www.unglobalcompact.org

Vernetzte Welten: www.vernetze-welten.at

World of NGOs: www.ngo.at

World One: http://www.worldone.de.tp

Kontakt Civil Society

Kontakt. The Arts and Civil Society Program
of Erste Bank Group

www.kontakt.erstebankgroup.net